"ධම්මෝ හි වාසෙට්ඨා, සෙට්ඨෝ ජනේතස්මිං
දිට්ඨේ චේව ධම්මේ, අභිසම්පරායේ ච."

වාසෙට්ඨයෙනි, මෙලොවෙහි ත්, පරලොවෙහි ත්
ජනයා අතර ධර්මය ම ශ්‍රේෂ්ඨ වෙයි !

- අග්ගඤ්ඤ සූත්‍රය - භාග්‍යවත් බුදුරජාණන් වහන්සේ

අලුත් දහම් වැඩසටහන - 20

විස්මිත පුහුණුව

පූජ්‍ය කිරිබත්ගොඩ ඤාණානන්ද ස්වාමීන් වහන්සේ

© සියලුම හිමිකම් ඇවිරිණි.

ISBN : 978-955-687-109-8

ප්‍රථම මුද්‍රණය : ශ්‍රී බු.ව. 2560 ක් වූ මැදින් මස පුන් පොහෝ දින

සම්පාදනය : මහමෙව්නාව භාවනා අසපුව
වඩුවාව, යටිගල්ඔළුව, පොල්ගහවෙල.
දුර : 037 2244602
info@mahamevnawa.lk | www.mahamevnawa.lk

පරිගණක අකුරු සැකසුම, පිටකවර නිර්මාණය සහ ප්‍රකාශනය :
මහාමේඝ ප්‍රකාශකයෝ
වඩුවාව, යටිගල්ඔළුව, පොල්ගහවෙල.
දුර : 037 2053300, 076 8255703
mahameghapublishers@gmail.com

මුද්‍රණය : තරංජි ප්‍රින්ට්ස්,
506, හයිලෙවල් පාර, නාවින්න, මහරගම.
ටෙලි: 011-2801308 / 011-5555265

චතුරාර්ය සත්‍යාවබෝධයට ධර්ම දේශනා....

විස්මිත පුහුණුව

අලුත් දහම් වැඩසටහන

20

පූජ්‍ය කිරිබත්ගොඩ ඤාණානන්ද ස්වාමීන් වහන්සේ
විසින් පොල්ගහවෙල මහමෙව්නාව භාවනා අසපුවේ අලුත් දහම් වැඩසටහනේ දී සිදු කළ ධර්ම දේශනා ඇසුරිනි.

ප්‍රකාශනයකි

පෙළගැස්ම....

නමෝ තස්ස භගවතෝ අරහතෝ සම්මාසම්බුද්ධස්ස
ඒ භාග්‍යවත් අර්හත් සම්මා සම්බුදුරජාණන් වහන්සේට නමස්කාර වේවා!

01.
උදේ වරුවේ ධර්ම දේශනය

සැදැහැවත් පින්වත්නි,

අපි මේ දහම් වැඩසටහනේදී කාලයක් තිස්සේ පටිච්චසමුප්පාදය, පංච උපාදානස්කන්ධය ආදී චතුරාර්ය සත්‍ය ධර්මයට උපකාරී වන දහම් කරුණු ඉගෙන ගත්තා. මේ බුද්ධ දේශනා අපි ඔබට කියා දෙද්දී ඉස්සෙල්ලාම ඔබ ඒ බුද්ධ දේශනා ගැන සිත පහදවා ගන්ට ඕන. ඒ පැහැදුනුබව තමයි ඔබට නැවත නැවත ඒ අසන්නා වූ ධර්මය මෙනෙහි කරන්ට උපකාරී වෙන්නේ. ඒ විදිහට නැවත නැවත ධර්මය මෙනෙහි වුණොත් ඔබට බුදුරජාණන් වහන්සේගේ ධර්මයෙන් පෙන්නා දීපු ඉලක්කය මතක් වෙනවා. මොකක්ද ඒ ඉලක්කය? චතුරාර්ය සත්‍යය අවබෝධ කිරීම. ධර්මයෙන් පෙන්නා දීපු ඔය ඉලක්කය මතක තිබුණොත් ඒක තමන්ට ආයෙ ආයෙමත් සිහි වෙනවා. මතක නොතිබුණොත් කාලයක් ඒක හිතේ වැඩ කරලා සාමාන්‍ය ජීවිතයේ ඇතිවෙන

ප්‍රශ්නත් එක්ක, නොයෙකුත් ආශාවන් එක්ක ඊට පස්සේ ඒක හිතෙන් අයින් වෙන්න පුළුවන්.

තමාගේ පිහිට තමා ම යි....

බුදුරජාණන් වහන්සේගේ කාලෙත් එහෙම වෙලා තියෙනවා. සමහරු ඔන්න ශ්‍රද්ධාවෙන් ම පැවිදි වෙනවා. ටික කාලයක් ගිහිල්ලා මේ කොහේවත් යන කුණු ගොඩක් දැකලා ආයෙ සිවුරු ඇරලා යනවා. මොකද හේතුව, තමන්ගේ ඉලක්කය තමන්ට අමතක වීම. ඒ කාලේ නම් බුදුරජාණන් වහන්සේවත් හිටියා ආයෙමත් ඒ ඉලක්කයට ඒ කෙනාව ඇදලා ගන්ට. අද එහෙම ඇදලා ගන්ට කෙනෙක් නෑ. තමන් ම තමයි ඒක කරගන්න තියෙන්නේ. මේ ධර්මය අහනකොට තමන්ගේ හිතේ තියෙන්ට ඕනෑ 'අනේ මට සුගතියේ උපදින්ට ඕනෑ. අනේ මට චතුරාර්ය සත්‍යය අවබෝධ කරගන්ට ඕනෑ' කියලා බලාපොරොත්තුවක්.

ජීවිතයේ නානාප්‍රකාර ප්‍රශ්නවලට අපි මූණ දෙනවා. සමහර වෙලාවට කර්මානුරූපව හැදිච්ච ප්‍රශ්නවලට මූණදෙන්න වෙනවා. එහෙම නැත්නම් අහක තියෙන කුණු කන්දල් පාත් වෙනවා. නොයේක් ආකාරයේ කරදරවලට බඳුන් වෙනවා. ඒ විදිහට කරදරවලට බඳුන් වෙච්ච ගමන් 'අනේ මට දෙවියන් අතරට යන්ට ඕනෑ. එහේ ගොහින් චතුරාර්ය සත්‍යය ධර්මය අවබෝධ කරගන්ට ඕනෑ' කියන ඉලක්කය අමතක වුණා කියන්නේ ඒක අනතුරක්. සාමාන්‍යයෙන් අපි මේ ජීවිතය ගතකරන රටාව අනුව අපේ චරිතය හැදෙනවා. සංසාරේ ආපු පිළිවෙළට තමයි අපේ කල්පනා රටාව හැදිලා තියෙන්නේ. ඒකට තමයි අපි ඇබ්බැහි වෙලා තියෙන්නේ.

කෙහෙල් ගහක් වගේ වෙන්න එපා....

ඒ නිසා අපේ අරමුණ සවිශක්තිමත් නැත්නම් බාහිරින් එන ප්‍රශ්නත් එක්ක අපේ අරමුණ වෙනස් වෙලා යනවා. දැන් අපි ගත්තොත් කෙහෙල් ගහක් කොයිතරම් උස මහතට තිබුණත් ඒකේ අරටුවක් නෑනේ. කෙහෙල් ගස් ගැන නොදන්න කෙනෙක් ඒ ගහ දිහා බලලා හිතාවි 'ආ.... මේක නම් හොඳ සවිශක්තිමත් ගහක්' කියලා. නමුත් ඕනම කෙනෙකුට බැරිද ඒ කෙසෙල් ගහේ පතුරු ටික ඔක්කොම සිදුරු කරන් යන්ට විදින්ට? කාටහරි බැරිද ඒ ගහ මුලින්ම උදුරලා වැටෙන විදිහට තල්ලු කරන්ට? පුළුවන්. ඇයි හේතුව, අරටු නෑ. අපි ගමු බුරුත පැල වගේ හොඳට අරටුව තියෙන පුංචි පැළ තියෙනවා. ඒවා කවුරුහරි නැව්වත් ආයෙමත් හෙමින් හෙමින් සෘජු වෙනවා. ඒ විදිහට සෘජු කරලා ගන්නේ මොකෙන්ද? ඒ පැළේ මැද්දේ තියෙනවා මහත නූලක් වගේ එකක්. ඒකට කියනවා අරටුව කියලා. කෙහෙල් ගහක් දෙකට නැමුවොත් සුටුස් ගාලා පතුරු ටික කැඩිලා යනවා. අර ගහ දෙකට නැමුවොත් ටිකක් වෙලා පාත්වෙලා තියෙයි. හැබැයි ඒක හෙමින් හෙමින් නැගිටිනවා. මොකද හේතුව, අරටුවක් තිබීම.

අරටුව සහිත ගහක් වගේ වෙන්න....

ඒ වගේ ධර්මය හොයාගෙන යන එක්කෙනාට ඕනෑ ජීවිතයට අරටුවක්. ඒ අරටුව නැත්නම් කලක් යද්දී තමන් ධර්මය ඇහුවා ද කියලවත් මතක නෑ. කලක් යද්දී මේ සසරක නේද යන්නේ කියලාවත් මතක නෑ. කලක් යද්දී මරණින් මත්තේ කොහේ යයිද කියලා මතක නෑ. ජීවිතේ නිකම් පතුරු ගොඩක් විතරයි. අරටුව තියෙන එක්කෙනාට ප්‍රශ්න එනකොට කල්පනා කරනවා මෙහෙම.

"හප්පේ මං මේ ප්‍රශ්නවලට මැදිවෙලා කොහොමෙයි.... මේ කුණුකන්දල් එක්ක මං පැටලිලා කොහොමෙයි.... මට මේ වැඩෙන් සුගතියත් නැතිවෙලා යනවා නොවැ.... මේ චතුරාර්ය සත්‍යය අහන්ට ලැබිච්ච අවස්ථාවේ මට ඒ කරා යන්ට තියෙන ගමනත් අහිමි වෙනවා නොවැ මෙහෙම ඉන්ට ගියොත්..." කියලා තමන්ට තමන්ගේ ඉලක්කය මතක් කරලා දීලා ඒකට යන්ට තියෙන අනතුරක් මේක කියලා තමන්ගේ හිතට එනවා. එතකොට මොකද වෙන්නේ? අර අනතුරුදායක දේට හිත යොමු කරන්නේ නැතුව තමන්ට යහපත සලසන පැත්තට තමන් හැරෙනවා.

සතර අපා දොරටු විවෘතයි....

ඒ නිසා අරටුව තියෙන පැළයක් වගේ වෙන්ට ඕන. කෙහෙල් පතුරු වගේ වෙලා හරියන්නේ නෑ. අපට සංසාරේ උපදින්ට තැන් ඕනෑතරම් තියෙනවා. අඩු නැතුව තියෙනවා. තිරිසනුන්ගේ ලෝකයේ ඕන නම් එහෙමත් පුළුවනි. පෙරේතයින් අතර උපදින්ට ඕන නම් එහෙමත් පුළුවනි. අසුරයන් අතර යන්ට ඕන නම් එහෙමත් පුළුවනි. නිරයේ යන්ට ඕන නම් එහෙමත් පුළුවනි. ලේස්ති පිට තියෙන්නේ හැමතැනම. සුගතිය විතරයි සූදානම් නැත්තේ. ආර්ය සත්‍යය සූදානම් නෑ. ආන්න ඒ පැත්ත බලන්ට පුළුවන් කෙනාට මේ ධර්මය ඇසිල්ලේ උපකාර තියෙනවා. එහෙම නැත්නම් තමන්ගේ පැත්තෙන් උපකාර ගැනිල්ල ලේසි නෑ.

ගණන් උගන්වන බ්‍රාහ්මණයෙක්....

අද අපි බොහොම ලස්සන දේශනාවක් ඉගෙන ගන්නේ. මේ දේශනාව ඇතුලත් වෙලා තියෙන්නේ මජ්ඣිම නිකායේ. මේ දේශනාවේ නම ගණක

මොග්ගල්ලාන සූත්‍රය. බුදුරජාණන් වහන්සේගේ කාලේ හිටියා ගණක මොග්ගල්ලාන කියලා බ්‍රාහ්මණයෙක්. මේ බ්‍රාහ්මණයා ගණන් උගන්වන කෙනෙක්. ඒ කියන්නේ ගණිත ගුරුවරයෙක්. ඒ නිසා තමයි ගණකමොග්ගල්ලාන කියලා එයාගේ නම හැදුනේ. බුදුරජාණන් වහන්සේ සැවැත්නුවර පූර්වාරාමයේ වැඩසිටිද්දී මේ ගණක මොග්ගල්ලාන බ්‍රාහ්මණයා බුදුරජාණන් වහන්සේව මුණගැහෙන්න ආවා. පූර්වාරාමයේ තිබුණෙනේ තට්ටු දෙකක විශාල සංඝාවාසයක්. යට තට්ටුවේ කාමර පන්සීයයි, උඩ තට්ටුවේ කාමර පන්සීයයි. බොහෝම හැඩවැඩ ඇති තැනක්.

මේකේ විස්තර වෙන විදිහට මේ බ්‍රාහ්මණයා එද්දි බුදුරජාණන් වහන්සේ වැඩ ඉඳලා තියෙන්නේ උඩ තට්ටුවේ. මං හිතන්නේ මේ ගණක මොග්ගල්ලාන බ්‍රාහ්මණයා රජගහනුවර කෙනෙක්. මෙයා කුමක් හෝ කාරණයකට සැවැත්නුවරට ඇවිල්ලා බුදුරජාණන් වහන්සේ පූර්වාරාමයේ වැඩඉන්නවා කියලා දැනගෙන බුදුරජාණන් වහන්සේව බැහැදකින්ට ගියේ. මෙයා එතකොට තෙරුවන් සරණ ගිහින් නෑ. ඒ නිසා වැන්දේ නෑ. ඔය වංහුං කතා කරලා එකත්පස්ව වාඩිවුණා.

අනුපිළිවෙළ ප්‍රතිපදාවක්....

වාඩිවෙලා කියනවා "භවත් ගෞතමයන් වහන්ස, දැන් බලන්ට මේ මිගාරමාතු ප්‍රාසාදේ... මෙතන්ට එන්ට පාරක් තියෙනවා. අසවල් හන්දියෙන් හැරිලා, මෙහෙම ඇවිදින්, පඩිපෙළ නැගලා යම්කිසි අනුපිළිවෙළකට තමයි මෙතනට එන්න තියෙන්නේ. **(යදිදං යාව පච්ඡිමා සෝපානකළේබරා)** මේ මිගාරමාතු ප්‍රාසාදයේ පඩිපෙළේ අන්තිම කෙළවර දක්වා ම අනුපිළිවෙළින් කරන ක්‍රියාවක්, අනුපිළිවෙළින්

සිදුවන වැඩපිළිවෙළක් දකින්ට ලැබෙනවා. ඒ වගේ ම හවත් ගෞතමයන් වහන්ස, අපේ මේ බ්‍රාහ්මණයන්ගේ අධ්‍යාපන ක්‍රමයේත්, වේද ඉගැන්විල්ලේත් **(අනුපුබ්බසික්ඛා)** අනුපිළිවෙළින් හික්මීමක්, **(අනුපුබ්බකිරියා)** අනුපිළිවෙළින් කිරීමක්, **(අනුපුබ්බපටිපදා)** අනුපිළිවෙළින් ප්‍රතිපදාවක් දකින්ට ලැබෙනවා.

ඒ වගේ ම හවත් ගෞතමයන් වහන්ස, දැන් බලන්ට දුනුවායෝ. අනුපිළිවෙළින් හික්මීමක්, අනුපිළිවෙළින් කිරීමක්, අනුපිළිවෙළින් ප්‍රතිපදාවක් දුනුවායන්ගේ ශිල්පයෙත් තියෙනවා. ඒ වගේම හවත් ගෞතමයන් වහන්ස, ගණකාධිකාරී කටයුතුවලින් ජීවත් වන අප තුළ පවා මේ ගණකාධිකාරී වැඩවලදී අනුපිළිවෙළින් හික්මීමක්, අනුපිළිවෙළින් කිරීමක්, අනුපිළිවෙළින් ප්‍රතිපදාවක් දකින්නට ලැබෙනවා.

හැම දේක ම කළයුතු පිළිවෙළක් තියෙනවා....

ඉතින් හවත් ගෞතමයන් වහන්ස, අපි ළඟට ගෝලයෝ ආවාම අපි ඒ ශිෂ්‍යයන්ට උගන්වන්නේ මෙහෙමයි. **(ඒකං ඒකකං)** එක එකයි. **(ද්වේ දුකා)** දෙක දෙකයි. තුන තුනයි. හතර හතරයි. මේ විදිහට අපි දහයට, සීයට, පන්සීයට, දාහට ගණන් කොරන්ට ඒ පොඩි එවුන්ට උගන්වනවා. ඒ විදිහට අපේ ගණිතය ඉගැන්විල්ලෙත් අනුපිළිවෙළින් හික්මීමක්, අනුපිළිවෙළින් ක්‍රියාවක්, අනුපිළිවෙළින් ප්‍රතිපදාවක් තියෙනවා."

දැන් හිතලා බලන්න ඔබ උයද්දි පිහද්දි පවා ඒකෙත් යම්කිසි පිළිවෙළක් නැද්ද? ඔන්න හුරුල්ලෝ ගේනවා. ගෙනාපු ගමන් හැළියට දාලා තම්බනවද? නෑ.

ඉස්සෙල්ලාම මොකද කරන්නේ, ඒක කරමලයේ ඉඳලා ම සුද්ද කරනවා. ඊට පස්සේ හෝදනවා. ඊට පස්සේ තමයි දුරුපහේ හරිගස්සලා දාන්නේ. ඊට පස්සේ ළිපේ තියනවා. ඒ ඔක්කෝම කරලා ඊට පස්සේ හට්ටිය පිටින් ගෙනියනවද මේසෙ උඩට...? නෑ. ඒ ඔක්කෝගෙම පිළිවෙළක් තියෙනවා. ඒ පිළිවෙළ ඔස්සේ තමයි කෑමවේල හරිගස්සන්නේ. ඒ පිළිවෙළ හරියට සිද්ධ වුණේ නැතොත් මොකද වෙන්නේ? අපි හිතමු දැන් ඔබ ඔබේ දුවටත් ඔන්න උයන්න උගන්නනවා 'ළමයෝ, මේක මෙහෙම අඹරාපං... මේක මෙහෙම කපාපං... මේක මෙහෙම උයාපං...' කියලා. කිව්වට ඒකි කරන්නේ නෑ එහෙම. ඊට පස්සේ කන්ට බැලින්නම් කටේ තියන්ට බෑ. ඇයි හේතුව, ක්‍රමේ වැරදියි.

බුද්ධ ශාසනයේත් අනුපිළිවෙළින් හික්මීමක් තියෙනවා....

ඉතින් මේ ගණක මොග්ගල්ලාන බ්‍රාහ්මණයා කියනවා "භවත් ගෞතමයන් වහන්ස, මේ වගේ අපේ සෑම ශිල්පයක ම අනුපිළිවෙළින් කිරීමක්, අනුපිළිවෙළින් හික්මීමක්, අනුපිළිවෙළේ ප්‍රතිපදාවක් තියෙනවා. (ඒ කාලේ මිනිස්සු හරි බුද්ධිමත් නේද? දැන් බලන්නකො මේ උගතා කල්පනා කරපු රටාව) භවත් ගෞතමයන් වහන්ස, තමුන්නාන්සේගේ සෑසනෙත් ඔය විදිහේ අනුපිළිවෙළින් හික්මීමක්, අනුපිළිවෙළින් කිරීමක්, අනුපිළිවෙළින් ප්‍රතිපදාවක් පනවන්ට පුළුවන්ද?" කියලා ඇහුවා. එතකොට බුදුරජාණන් වහන්සේ වදාරනවා "බ්‍රාහ්මණය, මං මේ දේශනා කරපු ධර්ම විනයේත් අනුපිළිවෙළේ හික්මීමක් තියෙනවා. අනුපිළිවෙළේ ක්‍රියාවක් තියෙනවා. අනුපිළිවෙළේ ප්‍රතිපදාවක් තියෙනවා. මට ඒක බොහෝම අගේට පෙන්නා දෙන්ට පුළුවනි" කිව්වා.

ඉස්සෙල්ලාම කටකලියාව දානවා....

ඊට පස්සේ උන්වහන්සේ වදාළා "බ්‍රාහ්මණය, අශ්වයන්ව හික්මවන්ට දක්ෂ, අශ්වයන් පුහුණු කරන කෙනෙක් ඉන්නවා. **(භද්‍රං අස්සාජානීයං ලභිත්වා)** ඒ කෙනාට හම්බවෙනවා උසස්කුලේ සොඳුරු ආජානීය අශ්ව පැටියෙක්." බාල කසඩ අශ්වයෙකුව හොඳට හික්මන්න බෑ. ඒ නිසයි මං ඔබට මුලින් ම කිව්වේ අරටුව සහිත ගහක් වගේ වෙන්න කියලා. එහෙම වුනොත් ඔබ උසස් කුලේ අශ්ව පැටියෙක්. පතුරු සහිත කෙහෙල් ගහක් වගේ වුණොත් වල් අස්පයා. හැදෙන්නේ නෑ. ඉතින් ඒ අශ්වයන් පුහුණු කරන කෙනා ඉස්සෙල්ලාම කරන්නේ කටකලියාව (මුව වළල්ල) දානවා. කටකලියාව කියන්නේ හොම්බ වටේට දාන රවුම් පටියට. දැම්මාම පටන් ගැනීමේදී උ‍ෟට ඒක අමාරුයි. හිරකළා වගේ.

ශාසනයේ පළවෙනි පුහුණුව....

ඔන්න දැන් බුදුරජාණන් වහන්සේ මේ බ්‍රාහ්මණයාට කියා දෙනවා භාග්‍යවතුන් වහන්සේගේ ශාසනයේ පැවිදි බව ලැබූ භික්ෂුවක් ව අනුපිළිවෙළින් හික්මවන විදිහ. **(ඒවමේව බෝ බ්‍රාහ්මණ තථාගතෝ පුරිසදම්මං ලභිත්වා පඨමං ඒවං විනේති)** "ඔන්න ඔය විදිහට ම බ්‍රාහ්මණය, තථාගතයන් වහන්සේත් දමනය කිරීමට සුදුසු පුරුෂයෙක් හම්බ වුණාට පස්සේ පළමුවෙන් ම ඔහුව හික්මවන්නේ මේ විදිහටයි. **(ඒහි ත්වං භික්ඛු)** භික්ෂුව, මෙහෙ එන්න. **(සීලවා හෝහි)** සිල්වත් වෙන්න. **(පාතිමොක්ඛසංවරසංවුතෝ විහරාහි)** පාමොක්සංවරයෙන් සංවර වෙලා වාසය කරන්න. **(ආචාරගෝචරසම්පන්නෝ)** ඇවතුම් පැවතුම්වලින් යුක්ත

වෙන්න. **(අණුමත්තේසු වජ්ජේසු භයදස්සාවී)** අණුමාත්‍ර වරදෙත් භය දකින්න. **(සමාදාය සික්ඛස්සු සික්ඛාපදේසු)** සමාදන් වූ සිල්පදවල හික්මෙන්න.

ඔන්න කටකලියාව දැම්මා. හොම්බ එතුවා. හොම්බ ඇරලා තිබ්බොත් තමයි හැම අස්සෙම ගිහිල්ලා කට ගහන්නේ. ආජානීය අශ්ව පැටියා අරක දැම්මට පස්සේ පොඩ්ඩක් දඟලලා දඟලලා හිට හික්මෙනවා. කඩාගෙන බිඳගෙන යන්නේ නෑ. වල් අස්පයාට ඔරොත්තු දෙන්නේ නෑ. වල් අස්පයා මොකද කරන්නේ, කටකලියාව දමන්ට ඉස්සෙල්ලා ඒ ආචාරියටත් පයින් ගහගෙන දුවනවා. ආජානීය අස්පයා එහෙම නෑ.

දෙවෙනි පුහුණුව....

බුදුරජාණන් වහන්සේ දේශනා කරනවා "බ්‍රාහ්මණය, ඒ භික්ෂුව මේ සිල්පද රකින්ට දක්ෂ වුණාම, ලැජ්ජා භය ඇතිවුණාම, අණුමාත්‍ර වරදේත් භය දකිද්දී **(තමේනං තථාගතෝ උත්තරිං විනේති)** තථාගතයන් වහන්සේ ඔහුව තවදුරටත් හික්මවනවා. 'භික්ෂුව, මෙහෙ එන්න. **(ඉන්ද්‍රියේසු ගුත්තද්වාරෝ හෝහි)** දූන් ඉතින් ඇස - කන - නාසය - දිව - කය - මනසේ දොරටු වසා ගන්න. **(චක්ඛුනා රූපං දිස්වා මා නිමිත්තග්ගාහී හෝහි)** ඇහෙන් රූප දැකලා අරමුණු ගන්ට එපා. **(මානුබ්‍යඤ්ජනග්ගාහී)** ඒ අරමුණුවල කෑලිවත් ගන්ට එපා. **(යත්වාධිකරණමේනං චක්ඛුන්ද්‍රියං අසංවුතං විහරන්තං අභිජ්ඣා දෝමනස්සා පාපකා අකුසලා ධම්මා අන්වාස්සවෙය්‍යුං)** ඒ අරමුණුවල තිබුණොත් ලෝභකම හටගන්න දේවල්, ගැටීම ඇතිවන දේවල් ඇස වසාගෙන (සංවර කරගෙන) නොසිටි කෙනාට ඒ අර්බුදය පස්සෙන් පන්නනවා" කියනවා. ඇස අසංවර වෙලා තියෙද්දී ඔන්න තමන් දකිනවා මොකක්හරි

ආසාව ඇතිවෙන ලොල් රුවක්. දැක්කහම ඒකේ කොටස් මතකෙට ගන්නවා. තමන් ඒ රූපය පහුකරගෙන ගමන යනවා. නමුත් ඒ මතකය පන්න පන්න හිත කළඹනවා. ඒ නිසා **(තස්ස සංවරාය පටිපජ්ජාහි)** ඒ ඇස සංවර කරගන්ට පිළිපදින්න කියනවා. **(රක්ඛාහි චක්ඛුන්ද්‍රියං)** ඇස නමැති ඉන්ද්‍රිය ආරක්ෂා කරගන්න කියනවා.

මං ණයකාරයෙක්....?

ඊළඟට ඔය විදිහට ම කනත් සංවර කරගන්න කියනවා. අපිට කනින් අසන්ට ලැබෙනවා එක එක දේවල්. අපි කියමු ඔන්න භික්ෂුවක් පැවිදි වෙලා සිල්වත් වෙලා වාසය කරනවා කියලා. ඔය අතරේ මොකක්හරි පොඩි අඩුවක් තියෙනවා කියමු. අපි කියමු එයා නින්දට වැටෙනවා කියලා. නින්දට වැටෙනකොට තව කෙනෙක් කියනවා 'නිදාගෙන හරියයි...! මිනිස්සු ශ්‍රද්ධාවෙන් දෙන සිව්පසය වළඳලා ණයකාරයෙක් වුණොත් ඔහේට මක්කා වෙයිද? ඔයිට හොඳයි නොවැ ගිහි වුණා නම්...' කියලා. එතකොට ඒ අහන්න ලැබුණේ ධර්මයක් ද අධර්මයක් ද? අධර්මයක්. එහෙම නිදි කිරා වැටුණා කියලා ණයකාරයෙක් වෙන්නේ නෑ. ඒ වැරදි දේ අහලා ඒ භික්ෂුව කල්පනා කළොත් 'හැබෑ නේන්නම්... මම දැනුත් නිදි නොවැ... මට වීරිය ගන්ට බෑ. මම ණයකාරයෙක් වෙයි...! මං එහෙනම් සිවුරු ඇරලා යනවා...' කියලා ඒක ලොකු වැරදීමක්.

ඉන්ද්‍රිය අසංවරයෙන් උපදින අර්බුද....

කනෙන් ශබ්දයක් අහලා ඒ අහපු දෙයින් තමන් තුළ ඇලීමක් හෝ ගැටීමක් හෝ ඇතිවුණොත් ඒ ඇලීමයි ගැටීමයි තමන්ගේ පස්සෙන් පන්නනවා. එහෙම වෙන්න දෙන්ට එපා කිව්වා. අපි කියමු ඔය මොළේ අවුල් වෙච්ච

කවුරුහරි අම්මණ්ඩි කෙනෙක් කියනවා 'අනේ ඔබ වහන්සේ දැක්කාම මට නිකං දෙවිකෙනෙක් දැක්කා වගේ. මට ඔබවහන්සේගෙන් ම බණ ටිකක් අහන්ට ඕන' කියලා. එහෙම කිව්වාම මේ උන්නාන්සේ කුටියට ගොහින් ඕක කල්පනා කොරනවා. 'අනේ මාව දේවතාඋන්නාන්සේ කෙනෙක් වගේ ඈට පෙනුනේ. එහෙනම් මම ඈයට සලකන්ට යන්ට ඕන' කියලා. අන්න වැරදුනා. ඒක උන්දැගේ ශ්‍රද්ධාව. උන්දූගේ හිතේ තියෙන අදහස තමුන් පටලවගන්ට ඕනෙද? නෑ. දැන් බණ කියන්න දෙන්නේ නෑ කියලා අපි කියමු. ඊට පස්සේ හොරෙන් යනවා උන්දැගේ ගෙදර. ඔන්න ඔය විදිහේ අර්බුද උපදිනවා ඉන්ද්‍රිය අසංවර කරගත්තොත්.

ගිහියන්ටත් ඉන්ද්‍රිය සංවරය ඕනෙ....

අපි කියමු ගෙදරක ඉන්නවා බොහෝම ගුණයහපත් තරුණ සැමියෙකුයි බිරිඳකුයි. මේ බිරිඳට තව ගෑණු එක්කෙනෙක් කියනවා 'අනේ... ඔයා ගැන අසවල් කෙනා හරීයට ගුණ කියනවා. හරීයට ප්‍රශංසා කරනවා...' කියලා. එතකොට බිරිඳ කොහොමද කල්පනා කරන්ට ඕනෙ? 'මගේ ගුණ කියන්ට මගේ මනුස්සයා ඉන්නවා. මට වෙන මිනිස්සුන්ගෙන් ගුණ ඕන නෑ' කියලා හිතන්ට ඕන. එහෙම නැතුව එයා කිව්වොත් 'අනේ එහෙනම් මටත් එයාගෙ ටෙලිෆෝන් නොම්බරේ දෙන්ට. මං එයත් එක්ක කතා කොරලා එයාගේ වර්ණනාව මගේ කනින් ම අසා ගන්නම්' කියලා. එතනින් එහාට වෙන දේ ගැන හිතාග න්න පුළුවන් නේද! ඒ මොකක්ද වුණේ? අහපු දෙයින් කන අසංවර වුණා. එතකොට ඒක ගිහි ඔබට වෙන්න බැරිද? පුළුවන්. ඒ නිසා කනින් ශබ්දයක් අසා ඇලීම් ගැටීම් ඇතිවෙන දේ තමන්ගේ පස්සෙන් පන්නාගෙන

එනවා නම්, එබඳු ශබ්දවලට ඉඩ නොදී කන වසා ගන්න කිව්වා. බලන්න බුදුරජාණන් වහන්සේගේ ශාස්තෲත්වය මොන වගේ එකක් ද කියලා.

රජගහ නුවර උත්සවය....

ඊට පස්සේ නාසයට ගඳ සුවඳක් දැනෙද්දී ඒ ගඳ සුවඳ ඔස්සේ ඔබේ පස්සෙන් ඇලීම් ගැටීම් පන්නාගෙන ආවොත් ඒක අනතුරක්. ඒ නිසා නාසය වසාගන්න කිව්වා. ඊට පස්සේ දිවෙන් රස දැනගනිද්දි ඒ රසය ඔස්සේත් ඇලීම් ගැටීම් එනවා කිව්වා.

රජගහනුවර බොහොම සල්ලිකාර සිටුපවුලක තරුණයෙක් පැවිදි වුණා. පැවිදි වුනේ මාපියන්ගේ කැමැත්තෙන් නෙමෙයි. මාපියෝ බැරිම තැන තමයි කැමැත්ත දුන්නේ. පැවිදි වෙලා ටික කාලෙකින් මේ භික්ෂූන් වහන්සේ සැවැත්නුවර වැඩියා. ඉතින් රජගහනුවර උත්සවයක් දවසක ඒ පැවිදි වෙච්ච කෙනාගේ යාළුවෝ ලස්සනට ඇඳගෙන සින්දු කියකිය යනවා. මේ උත්සවය බලන්ට අර අම්ම තාත්තත් ආවා. ගිහින් මේ උත්සවේ විනෝද වෙවී ඉන්න මිනිස්සු දිහා බලාගෙන ඉන්නකොට මේ දෙන්නට මතක් වුණා තමන්ගේ පුතාව. මතක් වෙලා අඬන්ට ගත්තා 'අනේ.... අපේ පුතත් හිටියා නම් අද මේ උත්සවේ ලස්සනට නටනවා නොවැ' කියලා.

එතකොට එතන ම හිටියා තව ගෑණු එක්කෙනෙක්. ඇය වෙසඟනක්. ඒ වෙසඟන ඇහුවා 'ඇයි නැන්දේ... මොකදෑ ඔය අඬන්නේ සතුටු වෙන්ට ඕන වෙලාවේ?' 'අනේ දුවේ අපේ පුතා... එපා කියද්දී අර ශ්‍රමණ ගෞතමයන්ගේ කණ්ඩායමට එකතු වුණා. අපි ඕකට එපා කිව්වා ඔය වැඩේ කොරගන්න. ආන් දැන් වෙච්ච

දෙයක් නෑ. කොහේ ගොහින් ද දන්නෙ නෑ' කිව්වා. 'ඇයි ඔයාලගෙ පුතා මහණ වුණාද?' කියලා ඇහුවා. 'අනේ ඔව් දුවේ... අපි එපා කිව්වා. බලෙන් ම කැමැත්ත අරන් ගිහිල්ලා මහණ වුණා' කිව්වා. එතකොට වෙසඟන ඇහුවා 'මං ඔයාලගෙ පුතාව ආපහු එක්කන් එන්ටද සිවුරු අරෝලා?' 'අනේ දුවේ එක්කන් වරෙන්. මං උඹට කසාද බන්දලා දෙන්නම් අපේ කොල්ලව. මේ දේපොළ ඔක්කෝමත් උඹට දෙන්නම්. උඹට රැජිනක් වගේ ඉන්න පුළුවන්' කිව්වා.

සැවැත්නුවරින් රජගහනුවරට සැදැහැබර උපාසිකාවක්....

එතකොට කිව්වා 'මට එකපාරට බෑ. එහෙනම් මං ඉස්සෙල්ලාම ගිහිල්ලා හොයා බලන්නම්' කියලා. විස්තර හොයාගෙන ඇවිල්ලා කිව්වා 'නැන්දේ පුතා ඉන්නවා.' 'කොහෙදෑ ඉන්නේ?' කියලා ඇහුවා. 'සැවැත්නුවර' කිව්වා. 'ඉතින් අපිට නැද්ද මොකුත් ක්‍රමයක් ගෙන්නග න්න?' කියලා ඇහුවා. 'මං පොඩි සැලැස්මක් ලෑස්ති කොළා. හැබැයි මට සල්ලි යනවා මේ වැඩේට' කිව්වා. 'හා... මං දෙන්නම් වියදම්. උඹ කොරහං' කිව්වා. ඔන්න රජගහනුවර ඉඳලා සැවැත්නුවරට ආවා බොහෝ සැදැහැබර උපාසිකාවක් කුලියට ගෙයක් ඇන්න. ඇවිදින් රසට දානේ හදලා දෙනවා. ඒකට සහයට එව්වා සිටුගෙදර හිටපු වැඩකාර ළමයි දෙන්නෙක්. ඒ ළමයි දෙන්නට කිව්වා 'ඔහේලා එළියට එන්ට එපා. හැංගිලා හිටපල්ලා' කියලා.

රසයට අහුවුණා....

දැන් ඔන්න ප්‍රණීත විදිහට දානේ හදලා. ස්වාමීන් වහන්සේ වඩිනවා ඒ පාරේ. වඩිනකොට මේ

උපාසිකාවකගේ වේසයෙන් ඉන්න තැනැත්තී ගිහිල්ලා අර දානේ පූජා කළා. පූජා කරලා කිව්වා 'අනේ ස්වාමීනී, අපට විශාල දෙයක් ඔබවහන්සේට මේ දානේ ටිකක් පූජා කරගන්ට ලැබීම. මේ පැත්තෙන් වඩින්ට' කිව්වා. මේ ස්වාමීන් වහන්සේ එදා දානේ වැළඳුවා. හරි රහයි. ඔන්න අහුවුණා. ඊට පස්සේ දිනපතා ඒ පාරෙන් තමයි වඩින්නේ. ඔන්න ටික ටික විශ්වාසවන්ත වුණා. දැන් බොහෝම ලෙන්ගතු උපාසිකාව. මේ කරන්නේ කොන්තරාත්තුවක්.

ඊට පස්සේ දවසක් අහළ පහළ සෙල්ලම් කරන ළමයින්ට කිව්වා 'ළමයිනේ.... උඹලාට මං ටොපි දෙන්නම්. හෙට අර තෙරුන් වහන්සේ වඩිනකොට උඹලා කෑගසාපල්ලා' කිව්වා. පහුවදා උන්වහන්සේ වඩිනකොට ළමයි ටික මොකද කළේ, කෑකොස්සන් ගහන්ට ගත්තා. 'අනේ බලන්ට... ළමයිනේ නිශ්ශබ්ද වෙන්ට... මේ ස්වාමීන් වහන්සේට මට දානේ ටිකක් දීගන්ට නෑ නොවැ. අනේ ස්වාමීනී, ගෙට වඩින්ට. මේ ළමයි එක්ක මොකුත් කරගන්ට බෑ' කිව්වා. ඔන්න ඉස්තෝප්පුවට වැඩියා. මුව පැටියා අහුවෙන්ටයි යන්නේ. දානේ පූජා කළා. වන්දනා කළා 'අනේ ස්වාමීනී, මට හරි සතුටුයි. ළමයින්නෙන් හිරිහැරයක් නැතුව අද දානේ පූජා කොරගත්තා' කිව්වා.

වෙසඟනගේ උගුල....

එදාත් ළමයින්ට ටොපි බෙදලා 'කොල්ලනේ... හෙට ඔයිටත් වඩා සැරට කෑගසාපල්ලා' කිව්වා. පහුවදාත් අර ස්වාමීන් වහන්සේ වඩිනවා. ළමයි කලින් දවසටත් වඩා කෑ කොස්සන් ගැහුවා. 'අනේ ළමයිනේ නිකන් ඉන්ට. ඔයාලා මොකක්ද මේ හැබෑට කොරන්නේ?' කියලා මේ ගෑණි ඒ ළමයිට පොඩ්ඩක් කෑගහලා 'අනේ ස්වාමීනී, පෝඩ්ඩක් ඇතුළට වඩින්ට. අද ඉස්තෝප්පුවේ ඉන්ටත්

නෑනේ' කියලා ශාලාවට ගත්තා. මුව පැටියට තොණ්ඩුව දානවා දැන්. ඊට පස්සේ ශාලාවේදී දානේ දුන්නා. දානේ පූජා කරලා පිටත් කළා. ඊට පස්සේ කිව්වා 'ළමයිනේ බොහෝම අගෙයි. හෙට මං කියන්නම් වැඩේ. උඹලා දූවිලිවලින් ගසාපල්ලා එකාට එකා. සෙල්ලම් කොර ගනිල්ලා. මං ටොපියි සල්ලියි දෙක ම දෙනවා' කිව්වා.

ශාස්තෘ සම්පත්තිය ආශ්චර්යයි....

ඔන්න ස්වාමීන් වහන්සේ වඩිනවා. උන්වහන්සේ රසයට ගිජු වුණා තමයි. හැබැයි ඔලමොට්ටල නෑ. අරටුව තියෙනවා. ඔච්චර දුර යන්නේ නෑ කෙසෙල් ගහක් නම්. එහෙනම් ගෙදර නැවතිලා මෙලහට. ඔන්න ළමයි දැන් දූවිලිවලින් ගසාගන්නවා. ගේ ඇතුලටත් දූවිලි එනවා. 'අනේ ස්වාමීනී, උඩට වඩින්ට. මේ ශාලාවේ දූවිලි නොවැ' කියලා උඩ තට්ටුවට එක්කන් ගියා. අනේ අර ස්වාමීන් වහන්සේ සිහිනුවණින් උඩට වඩිනවා. එතකොට අර අම්මණ්ඩි පහළ ඉඳලා දොරවල් වසාගෙන වසාගෙන උඩට ගියා. දානේ නෑ. ඊට පස්සේ කිව්වා ස්වාමීනී, මං රජගහනුවර ඉඳලා ආවේ. දැන් ඉතින් යන්ට ලෑස්ති වෙමු. මං තමයි ඔයාගේ අනාගත බිරිඳ...!' කිව්වා. කියලා මෙන්න දහඅටපාලිය නටන්ට ලේස්ති වුණා. හැටහතර මායම් දාගෙන ආවා. එනකොට මේ භික්ෂුව හිතුවා "අනේ භාග්‍යවත් සම්මා සම්බුදුරජාණන් වහන්ස, මට ඔබවහන්සේගේ පිහිට ලැබේවා..!" කියලා. එතකොට ම බුදුරජාණන් වහන්සේ ඉර්ධියෙන් පෙනී හිටලා දහම් දේශනා කළා. එවෙලෙම රහත් ඵලයට පත්වුණා. අහසට පැනනැගිලා පිටත් වෙලා ගියේ. එච්චර බලපෑමක් කරලත් බේරුණා. අන්න ඒකටයි කියන්නේ අරටු සහිත ජීවිතේ කියලා.

වෙන කිසිම ආගමක නැති දෙයක් මේ....

ඊළඟට **(කායේන ඵොට්ඨබ්බං ඵුසිත්වා)** කයෙන් පහස ලැබ ඇලීම ගැටීම ඇතිවෙන දේ තමා පසුපස පන්නං එන්ට දෙන්න එපා කිව්වා. ඊළඟට ඒ භික්ෂුවට බුදුරජාණන් වහන්සේ කියා දෙනවා **(මනසා ධම්මං විඤ්ඤාය)** භික්ෂුව, හිතට නොයේක් අරමුණු ඒවි. **(මා නිමිත්තග්ගාහී හෝහි)** ඒ අරමුණුවල පැටලෙන්ට එපා. හිතට ඒවි රාගය අවුස්සන දේවල්, ද්වේෂය අවුස්සන දේවල්. මේවායේ පැටලෙන්ට එපා. **(තස්ස සංවරාය පටිපජ්ජාහි)** මනස සංවර වෙන්ට පිළිපදින්න. **(රක්ඛාහි මනින්ද්‍රියං)** මනස නමැති ඉන්ද්‍රිය රැකගන්න කියනවා. “බ්‍රාහ්මණය, ඔන්න ඔය විදිහට තථාගතයන් ඒ භික්ෂුවට ඉන්ද්‍රිය සංවරය උගන්වනවා” කියනවා.

බුද්ධසාසනයක මිසක් ලෝකේ වෙන කිසීම තැනක, කිසීම ශාස්ත්‍රයක, කිසීම ආගමක මේ විදිහට හික්මවීමක් නෑ. දැන් බලන්න, ඒ ශාස්තෘන් වහන්සේයි ශ්‍රාවකයායි අතර තියෙන සම්බන්ධය කොච්චර අනර්ඝ ද. කොච්චර ලස්සනයි ද. ඒ කිව්වේ දක්ෂ අශ්වයන් දමනය කරන කෙනෙක් ආජානීය අශ්ව පැටියෙක්ව හොඳට පුරුදු කරනවා වගේ නේද?

බොජුනෙහි පමණ දැනගැනීම....

ඊට පස්සේ බුදුරජාණන් වහන්සේ දේශනා කරනවා “බ්‍රාහ්මණය, යම් දවසක භික්ෂුව සංවර කරගත් ඉඳුරන් ගෙන් යුතුව ඉන්නවාද, **(තමේනං තථාගතෝ උත්තරේ විනේති)** එතකොට තථාගතයන් වහන්සේ ඔහුව තවදුරටත් හික්මවනවා. **(ඒහි ත්වං භික්ඛු)** භික්ෂුව, මෙහෙ එන්න. **(භෝජනේ මත්තඤ්ඤූ හෝහි)** දානය

ගනිද්දී දන් අනුභව කරනා අරමුණ සිහිකරන්න. **(පටිසංඛා යෝනිසෝ ආහාරං ආහාරෙය්‍යාසි)** හොඳට නුවණින් මෙනෙහි කරලා දානෙ වළඳන්න. **(නේව දවාය)** මං මේ දානෙ වළඳන්නේ ජවය ගන්ට නෙවෙයි. **(න මදාය)** මත් වෙන්ට නෙමෙයි. **(න මණ්ඩනාය)** ඇඟපත සරසා ගන්ට නෙවෙයි. **(න විභූසනාය)** ඇඟපත බොහෝම ලස්සන කරගන්ට නෙමෙයි.

(යාවදේව ඉමස්ස කායස්ස ඨිතියා) මේ ශරීර කූඩුව පවත්වන්ටයි. **(යාපනාය)** ජීවිතය ගෙනියන්ටයි. **(විහිංසූපරතියා)** වෙහෙස නිවාගන්ටයි. **(බ්‍රහ්මචරියානුග්ගහාය)** බඹසරට උපකාරී වෙන්ටයි. **(ඉති පුරාණං ච වේදනං පටිහංඛාමි)** ඔය විදිහට පැරණි බඩගිනි වේදනා මං නැති කරනවා. **(නවං ච වේදනං න උප්පාදෙස්සාමි)** අලුතින් බඩගිනි වේදනාවක් ඇති වෙන්ට දෙන්නේ නෑ. **(යාත්‍රා ච මේ භවිස්සති, අනවජ්ජතා ච ඵාසුවිහාරෝ චා'ති)** මගේ ජීවිත යාත්‍රාව නිවැරදි ලෙස පහසුවෙන් පවත්වා ගන්ටයි' කියලා ඔය විදිහට මෙනෙහි කරන්න කියලා අනුශාසනා කරනවා" කිව්වා.

පෙර බුදු සසුන්වල ලැබූ පුහුණුව....

මේ කියාපු හැම දෙයක් ම බුද්ධ කාලේ මේ විදිහට වුණා. බුද්ධ කාලේ මනුස්ස ලෝකෙට ආපු බොහෝ දෙනෙකුට පෙර ආත්මවල, පෙර බුද්ධ ශාසනවල පැවිදි වෙලා නොයෙක් ආකාරයෙන් කැපවෙලා ලබාගත්තු පුහුණුවක් තිබුණා. ඒ පුහුණුව ලැබූ කෙනා ඒක කරන්ට කියපු ගමන් ඒ විදිහට ම කරනවා. ඒකයි ඒකේ තියෙන අලංකාරය. ඉතින් කියනවා "බ්‍රාහ්මණය, දැන් ඒ භික්ෂුව **(භෝජනේ මත්තඤ්ඤූ)** අනුභව කරන දේවල්වල අර්ථය දන්නවා. තථාගතයන් වහන්සේ ඒ කෙනාව තවදුරටත්

හික්මවනවා" කියනවා. දැන් බලන්න මේ හික්මවිල්ල කියන එක. මේක හිරකිරීමක් කියලා තේරෙන්නේ අර්ථය දන්නැති එක්කෙනාට. අර්ථය දන්නැති එක්කෙනා හිතනවා මේ මොකද්දැයි කියලා.

බුද්ධ දේශනාවේ තියෙනවා, වයසට පලච්ච අය පැවිදි වෙනවා. පැවිදි වුණාම පොඩි භික්ෂූන් වහන්සේලා අර තමන්ගේ අත්තලා මුත්තලාගේ වයසේ ඉන්න භික්ෂූන් වහන්සේලාට ගිහිල්ලා අවවාද කරනවා. පුංචි වුණාට රහතන් වහන්සේලා. උන්නාන්සේලා කියනවා 'හා භික්ෂුව, මෙහෙ එන්ට. දැන් මේ විදිහට සංවර වෙන්ට. මේ විදිහට කොරන්ට' කියලා කියනවා. කියනකොට අර මහලු වයසේ පැවිදි වෙච්ච එක්කෙනා හිතනවලු 'හෑ.... මුන්දැලා මගේ මුණුබුරෝ වගේ නොවැ. මුන්දැලා එනවාද අපට උගන්වන්ට' කියලා බැනලා සිවුරු ඇරලා යනවා කියනවා. ඇයි හේතුව, හිතන්නේ හිර කොරනවා කියලා. මේ හිර කොරනවා නොවෙයි. මේ මොකක්ද කරන්නේ? පුහුණු කරනවා.

පුංචි කාලේ ඉස්කෝලේ....

දැන් හිතලා බලන්න, සාමාන්‍යයෙන් ළමයෙකුගේ ජීවිතය සාර්ථක වෙන්ට දෙමව්පියෝ ඒ ළමයාව පොඩිකාලේ පාසල් යවනවා. ඉස්සෙල්ලාම යවනවා මොන්ටිසෝරි. ළදරු පාසැලේ ළමයාව දාලා අම්මා එළියට එනකොට ළමයා සතුටු වෙලා හිනා වෙනවද 'හා අම්මේ යන්ට යන්ට. මං ඉන්නම්' කියලා? නෑ. ළමයා අඬා වැලපෙනවා 'අම්මේ... මාව දාලා යන්ට එපා' කියලා. එහෙම කියද්දී කියද්දී අම්මා මොකද කරන්නේ? දාලා යනවා. දාලා යන්නේ ආදරේ නැතුවාටද? නෑ. ඒ හික්මීම දෙන්ටයි. ළමයා හිතන්නේ 'අනේ අම්මා මට

ආදරේ නෑ. මාව මේ ළමයි ගොඩක දාලා ගියා' කියලා. කාලයක් යනකොට ඒ ළමයි ගොඩේ ඉන්ට අර දරුවා පුරුදු වෙනවා.

ඊට පස්සේ කියනවා 'පුතේ මේ ඉස්කෝලේ ගියා ඇති දූන්. දූන් ලොකු ඉස්කෝලෙට යමං...' කියලා. අනේ අම්මේ මට නම් බෑ කියනවා. එහෙම කියද්දි ඇදගෙන එක්කන් යනවා. කාලයක් ගියාම ළමයා ඒකත් පුරුදු වෙනවා. ඉස්සෙල්ලාම බැඳුනේ ළමයා දෙමාපියන්ට. කාලයක් ගියාම ඒ ළමයා බැඳෙන්නේ ශිල්පයට. ඊට පස්සේ ගෙදර ආවා, මොනවහරි කෑවා, ශිල්ප හදාරනවා. ටික කාලයක් යනකොට ශිල්පෙට ආදරේ කරපු ඒ ළමයා හොඳට හික්මිලා. ඒ ළමයගෙ හිතේ අම්මට තාත්තාට ආදරේ තියෙනවා. නමුත් දෙමාපියෝ ගැන නෙමෙයි හිතන්නේ. දූන් හිතන්නේ ශිල්පය ගැන.

අඳුරට වැටෙන ළමයි....

දෙමාපියෝ ගැන හිත හිත ඉන්න එක්කෙනාට ශිල්පයක් පිහිටන්නේ නෑ. දූන් අපි ගත්තොත් ළමයෙක් ඉන්නවා 'අම්මේ... මට ඉස්කෝලේ යන්ට බෑ. මට අම්මා ගාව ඉන්ට ඕන' කියලා දුවලා ගිහිල්ලා අම්මගේ ඔසරි පොටේ එල්ලෙනවා. 'මොනවා කරන්ටද පුතේ. එහෙනම් ගෙදර හිටපං...' කියනවා. හරිද වැඩේ? ඒ ළමයා අන්ධකාරේ වැටෙනවා. ළමයාට තේරෙන මට්ටමට එනකොට දෙමාපියෝ ගාව රඳින්නේ නෑ. ඒ විදිහෙම ඔලමොට්ටල කොලු රැනකට සෙට්වෙනවා. ඊට පස්සේ දෙමව්පියෝ කියන දෙයක් අහන්නේ නෑ. එහෙම වෙන්නේ නැද්ද? වෙනවා. ඊට පස්සේ අම්මා අඬනවා 'අනේ මේකා මට ඉස්කෝලේ යවාගන්ට බැරුව ගියා. මේකට ශිල්ප සෑස්තරේ දෙන්ට බැරුව ගියා. මේකා මගේ

ඇගේ දූවටි දූවටි හිටියා. අනේ වෙච්ච දේ...' කියලා. ඒ වගේ අවශ්‍ය දේට යොමු වෙන්නේ නැති කෙනා දියුණුවක් ලබන්නේ නෑ.

හැබෑම නිදහස උපද්දවන තැන....

මුලදි එයා හික්මෙන්නේ කැමැත්තෙන් නොවෙන්න පුළුවන්. කාලයක් යනකොට තමයි ළමයා අර ශිල්පයට ආසා කරන්නේ. ශිල්පයට ආසා කරන්න පටන් ගත්තට පස්සේ ඔන්න අම්මා ඇවිල්ලා කියනවා 'පුතේ දූන් රෑ වුණා නෙව. කෑම සීතල වෙනවා. උඹ කෑම කන්නේ නැද්ද?' 'අනේ අම්මේ, මම මේ ගාන හදලා ඉවර නෑ. මට තව මේක හදන්ට තියෙනවා. අම්මේ මං ඉංජිනේරුවෙක් වෙන්ටයි ආසා' කියලා කියනවා. දූන් මේ කොල්ලගේ ඔළුවට ගිහිල්ලා තියෙන්නේ ගෙදර නවතින්ටද? නෑ. ඉංජිනේරුවෙක් වෙන්ටයි ආසා කියනවා. වෙන්ට බැරිද? පුළුවන්. නමුත් මුලදී මේ ළමයා මොන්ටිසෝරි දාපු වෙලාවේ කොහොමද ඇඬුවේ? අම්මා ගාවම ඉන්ට ඕනෑ කියලා. ඒ වගේ මේ ධර්මය පුරුදු කරන්න පටන් ගන්නකොට බුදුරජාණන් වහන්සේගේ කාලේ වුනත් කෙනෙකුට හිතෙන්ට පුළුවනි (මහා බලසම්පන්න කෙනාට එහෙම හිතෙන්නේ නෑ) 'අනේ අපට නිදහසක් නෑනේ' කියලා. නමුත් එතන තමයි හැබෑම නිදහස උපද්දවන තැන.

ජාගරියානුයෝගය....

ඉතින් බුදුරජාණන් වහන්සේ ඒ භික්ෂුව ව මේ විදිහට හික්මවද්දී එයාගේ ජීවිතය විමුක්තිය උදෙසා පදං වෙනවා. විමුක්තිය කිව්වේ නිදහස් වීම. මොකෙන් නිදහම් වීම ද? සතර අපායෙන් නිදහස් වීම. භව ගමනෙන් නිදහස් වීම. මේ නිදහස උදෙසා පදං වෙනවා. ඊට පස්සේ

බුදුරජාණන් වහන්සේ ඒ භික්ෂුවට කියනවා **(ඒහි ත්වං භික්ඛු)** "භික්ෂුව, මෙහෙ එන්න. **(ජාගරියං අනුයුත්තෝ විහරාහි)** දැන් ඉතින් නිදි මරාගෙන වෙහෙස ගන්න. **(දිවසං චංකමේන නිසජ්ජාය)** දවස පුරා සක්මන් කරකරා වාඩිවෙවී **(ආවරණීයේහි ධම්මේහි චිත්තං පරිසෝධේහි)** මේ සිත වසාගෙන ඉන්න පංචනීවරණයන්ගෙන් හිත පිරිසිදු කරන්න. **(රත්තියා පඨමං යාමං)** රාත්‍රී දහය වෙනකං **(චංකමේන නිසජ්ජාය)** සක්මන් කරකරා, වාඩිවෙවී හිත වසාගෙන ඇති නීවරණයන් බැහැර කරන්න.

(රත්තියා මජ්ඣිමං යාමං) රාත්‍රී මධ්‍යම යාමයේදී (ඒ කියන්නේ රෑ 10 ඉඳන් පාන්දර 2 - 3 වගේ වෙනකම්) **(දක්ඛිණේන පස්සේන සීහසෙය්‍යං කප්පෙය්‍යාසි පාදේ පාදං අච්චාධාය)** දකුණු පැත්තට ඇළවෙලා, පය උඩ පය තබාගෙන, සිංහසෙය්‍යාවෙන් සැතපෙන්න. **(සතෝ සම්පජානෝ)** බලිතොවිල් හිතන්නේ නැතුව හොඳ සිහිනුවණින් **(උට්ඨානසඤ්ඤං මනසිකරිත්වා)** මං පාන්දර ජාමේ නැගිටිනවා කියලා අධිෂ්ඨාන කරගෙන සැතපෙන්න. **(රත්තියා පච්ඡිමං යාමං පච්චුට්ඨාය)** රාත්‍රියේ පාන්දර ජාමේ නැගිටලා හිට **(චංකමේන නිසජ්ජාය ආවරණීයේහි ධම්මේහි චිත්තං පරිසෝධේහි)** සක්මන් කරකරා, වාඩිවෙවී හිත වසාගෙන ඇති කාමච්ඡන්ද, ව්‍යාපාද, ථීනමිද්ධ, උද්ධච්චකුක්කුච්ච, විචිකිච්ඡා කියන මේවා හිතෙන් බැහැර කරන්න" කියනවා.

පස්වන පුහුණුව....

එතකොට අර භික්ෂුව ඒක කරන්ට උවමනා විදිහට හැදිලා ඉවරයි. මොකද ඒ වෙද්දි ඒ භික්ෂුව සීලයේ පිහිටලා, ඉන්ද්‍රියසංවරයේ පිහිටලා, ආහාරයේ පමණ දැනගෙන

වළඳන්න පුරුදු වෙලා. මේ කරුණු තුනේ මනාකොට හික්මුණාට පස්සේ තමයි බුදුරජාණන් වහන්සේ එයාට නිදිවරාගෙන භාවනා කරන්න කියලා උපදෙස් දෙන්නේ. ඊට පස්සේ බුදුරජාණන් වහන්සේ දකිනවා ඒ භික්ෂුවට නිදිමරාගෙන, වීරියෙන් පංචනීවරණයන් බැහැර කරන වැඩෙත් හොඳට කරන්ට පුළුවන් කියලා. **(තමේනං තථාගතෝ උත්තරිං විනේති)** ඊට පස්සේ තථාගතයන් වහන්සේ තවදුරටත් ඔහුව හික්මවනවා. **(ඒහි ත්වං භික්ඛු)** "භික්ෂුව, මෙහෙ එන්න. **(සතිසම්පජඤ්ඤේන සමන්නාගතෝ හෝහි)** හොඳ සිහිනුවණින් යුක්ත වෙන්න. **(අභික්කන්තේ)** ඉදිරියට යද්දී **(පටික්කන්තේ)** ආපහු එද්දී **(සම්පජානකාරී හෝහි)** හොඳට කල්පනාකාරීව ඉන්න. **(ආලෝකිතේ)** ඉදිරිය බලද්දී **(විලෝකිතේ)** වටපිට බලද්දී **(සම්පජානකාරී හෝහි)** හොඳට කල්පනාකාරී වෙන්න. **(සම්මිඤ්ජිතේ)** අතපය හකුලද්දී **(පසාරිතේ)** දිගඅරිද්දී **(සම්පජානකාරී හෝහි)** හොඳට කල්පනාකාරී වෙන්න. **(සංඝාටිපත්තචීවරධාරණේ)** සිවුරු පොරවද්දී, සඟල සිවුරු දරද්දී, පාත්‍රය පරිහරණය කරද්දී හොඳට කල්පනාකාරී වෙන්න. **(අසිතේ)** වළඳද්දී **(පීතේ)** පානය කරද්දී **(ඛායිතේ)** කුමක් හෝ අනුභව කරද්දී **(සායිතේ)** කුමක් හෝ රස විඳිද්දී හොඳට කල්පනාකාරීව කරන්න. **(උච්චාරපස්සාවකම්මේ)** කොටින්ම වැසිකිළි කැසිකිළි යද්දී පවා කල්පනාකාරීව කරන්න. **(ගතේ)** ගමන් කරද්දී **(ඨිතේ)** හිටගෙන සිටිද්දී **(නිසින්නේ)** වාඩිවී සිටිද්දී **(සුත්තේ)** නිදාසිටිද්දී **(ජාගරිතේ)** නිදිවරද්දී **(භාසිතේ)** තවත් කෙනෙක් එක්ක කතාබස් කරද්දී **(තුණ්හීභාවේ)** නිශ්ශබ්දව සිටිද්දී **(සම්පජානකාරී හෝහි)** හොඳට කල්පනාකාරී වෙන්න" කියනවා.

විස්මිත පුහුණුව....

බුදුකෙනෙක් මිසක්කා මෙවැනි පුහුණුවක් ලෝකේ වෙනකෙනෙකුට හිතන්ටවත් බෑ. ඊට පස්සේ ඒ භික්ෂුවට හොඳ කල්පනාවෙන් සිහිනුවණින් ඒ කටයුතු කරන්ට පුළුවන් වුණාම බුදුරජාණන් වහන්සේ තවදුරටත් ඒ භික්ෂුව ව හික්මවනවා. "භික්ෂුව මෙහෙ එන්න. **(විවිත්තං සේනාසනං භජ)** දැන් හුදෙකලා සෙනසුනකට යන්න. (ඔන්න නිදහස් කරනවා ඉතුරු වැඩේට) **(අරඤ්ඤං)** මහ වනයට හරි **(රුක්ඛමූලං)** ගහක් සෙවණට හරි **(පබ්බතං)** කන්දකට හරි **(කන්දරං)** කඳුරැලියකට හරි **(ගිරිගුහං)** පර්වත ගුහාවකට හරි **(සුසානං)** අමුසොහොනට හරි **(වනපත්ථං)** වනපඳුරකට හරි **(අබ්භෝකාසං)** එළිමහනකට හරි **(පලාලපුඤ්ජං)** පිදුරු කුටියකට හරි කොහේ හෝ හුදෙකලා පාලුතැනකට යන්න" කියනවා.

පටන් ගත්තු ගමන් ම අර මුලින් කියපු කිසි දෙයක් නැතුව ඔය වගේ හුදෙකලා තැනකට ගියොත් වැඩේ හරියයි ද? නෑ. **(සෝ විවිත්තං සේනාසනං භජති)** ඉතින් ඒ භික්ෂුව ඊට පස්සේ හුදෙකලා සෙනසුනක් ඇසුරු කරගෙන වාසය කරන්න පටන් ගන්නවා. **(සෝ පච්ඡාභත්තං පිණ්ඩපාතපටික්කන්තෝ)** ඒ භික්ෂුව පිණ්ඩපාතේ ගොහින් දානෙ වළඳලා ඇවිත් **(නිසීදති පල්ලංකං ආභුජිත්වා)** පළඟක් බැඳගෙන වාඩිවෙනවා. **(උජුං කායං පණිධාය)** කය ඍජු කරගන්නවා. කොන්ද කෙලින් කරගන්නවා. **(පරිමුඛ සතිං උපට්ඨපෙත්වා)** පුරුදු කරන භාවනාවේ සිත පිහිටුවා ගන්නවා.

නීවරණවලින් සිත පිරිසිදු කරනවා....

(සෝ අභිජ්ඣං ලෝකේ පහාය) ඒ භික්ෂුව

තමන්ගේ හිත වසාගෙන තිබ්ච්ච කාමච්ඡන්දය බැහැර කරලා සිත පිරිසිදු කරනවා. ගැටුනු සිත බැහැර කරලා **(සබ්බපාණභූතහිතානුකම්පී)** සියලු ප්‍රාණීන් කෙරෙහි හිතානුකම්පීව වාසය කරනවා. **(බ්‍යාපාදපදෝසා චිත්තං පරිසෝධේති)** ගැටීම හිතින් අයින් කරලා හිත පිරිසිදු කරනවා. **(ථීනමිද්ධං පහාය)** ඊළඟට නිදිමත සහ අලසබවත් ප්‍රහාණය කරනවා. ථීනමිද්ධය එනකොට ඉස්සෙල්ලාම ඇඟ බරයි. ඇඟ බර වුණාම හිත එක අරමුණකට ගන්ට බෑ. නිකං මත් වෙලා වගේ අන්ධකාර වෙලා යනවා. එතකොට ඒ ශරීර කූඩුව ඇතුලේ බලපවත්වන්නේ ථීනමිද්ධය. ථීනමිද්ධයෙන් හිතවසා ගන්නවා. **(ආලෝකසඤ්ඤී සතෝ සම්පජානෝ)** ථීනමිද්ධයත් එක්ක එන්නේ අන්ධකාරයක් නේ. ථීනමිද්ධය ප්‍රහාණය කළාම ආලෝකයක් ඇතිවෙනවා. ඒ ආලෝක සංඥාවෙන් යුක්තව, බොහොම සිහිනුවණින් ථීනමිද්ධය නැතුව ඉන්නවා. **(උද්ධච්චකුක්කුච්චං පහාය)** සිතේ විසිරීම සහ පසුතැවීමත් ප්‍රහාණය කරනවා. එතකොට 'අනේ මට මේක කොරගන්ට බැරිවුණා. අනේ මට අසවල් දේ කොරගන්ට බැරිවුණා. අයියෝ මං ඉස්සර මෙහෙම කොළා. අරක කොළා, මේක කොළා' කියලා හිතහිතා පසුතැවෙන ගතිය එන්නේ නෑ. හිත සංසිඳිලා යනවා. **(විචිකිච්චං පහාය තිණ්ණවිචිකිච්ඡෝ විහරති)** ඊට පස්සේ සැකයත් ප්‍රහාණය කරලා සැක රහිත සිතින් වාසය කරනවා. **(අකථංකථී කුසලේසු ධම්මේසු)** කුසල් දහම් කෙරෙහි සැක නැතුව වාසය කරනවා.

ධ්‍යාන සතරත් උපදවා ගන්නවා....

ඊට පස්සේ ඒ භික්ෂුව **(විවිච්චේව කාමේහි විවිච්ච අකුසලේහි ධම්මේහි)** කාමයන්ගෙන් වෙන්වෙලා, අකුසල

ධර්මයන්ගෙන් වෙන්වෙලා (**සවිතක්කං සවිචාරං**) විතර්ක විචාර ඇති (**විවේකජං පීතිසුඛං**) විවේකයෙන් හටගත් ප්‍රීති සුඛය ඇති පළවෙනි ධ්‍යානය උපදවාගෙන වාසය කරනවා. ඊට පස්සේ දෙවන ධ්‍යානයත් උපදවාගෙන වාසය කරනවා. තුන්වෙනි ධ්‍යානයත් උපදවාගෙන වාසය කරනවා. හතරවෙනි ධ්‍යානයත් උපදවාගෙන වාසය කරනවා. මේ ඔක්කෝම පිහිටන්නේ කාටද? සත්පුරුෂයාට.

දැන් ඔය රජගහනුවර දේවදත්තගේ අර්බුදය ඇතිවෙච්ච වෙලාවේ භික්ෂූන් වහන්සේලා දේවදත්ත ව හම්බවෙන්න ගිහිල්ලා කියනවා 'ආයුෂ්මත් දේවදත්ත, දැන් ඔහේ මේ නවාංග ශාස්තෘ ශාසනය ම දන්නවා. ඉගෙනගෙන තියෙනවා. ඔබ පළවෙනි ධ්‍යානයත් උපද්දවලා, දෙවන ධ්‍යානයත් උපද්දවලා, තුන්වෙනි ධ්‍යානයත් උපද්දවලා, හතරවෙනි ධ්‍යානයත් උපද්දවලා ඉන්නවා. ඔබව පැවිදි කළේ භාග්‍යවතුන් වහන්සේ. භාග්‍යවතුන් වහන්සේ තමයි ඔබේ ආචාර්ය. භාග්‍යවතුන් වහන්සේ නිසා මේ ඔක්කොම ලබාගෙන ඇයි තමන්ගේ ගුරුදේවයන්ට විරුද්ධ වෙන්නේ...?' කියලා ඇහුවා.

අහනකොට දේවදත්ත කියනවා 'හහ්.... මොන ගුරුදේව ද? මගේ උත්සාහයෙන් නේ මං මේවා ඔක්කොම ඉගෙන ගත්තේ. මං නේ මේවා ඉගෙනගන්ට කැප වුණේ. මගේ මහන්සියෙන් නොවැ මේවා ඉගෙන ගත්තේ. එයා කරපු දෙයක් නෑ. උන්වහන්සේ මට දීපු ධ්‍යානයක් නෑ, මමයි උපද්දවා ගත්තේ' කිව්වා. ඕං බලන්න අසත්පුරුෂයාගේ ලක්ෂණය.

අනුත්තර යෝගක්ෂේමය....

දැන් මේ සත්පුරුෂයෙකුට මහා සත්පුරුෂ වූ ශාස්තෘන් වහන්සේ මුණගැහිලයි මේ ඔක්කොම

කියාදෙන්නේ. ඉතින් ඊට පස්සේ බුදුරජාණන් වහන්සේ ගණක මොග්ගල්ලාන බ්‍රාහ්මණයාට දේශනා කරනවා **(යේ ඛෝ තේ බ්‍රාහ්මණ භික්ඛූ සේඛා අප්පත්තමානසා)** "බ්‍රාහ්මණය, මේ ධර්ම මාර්ගයෙහි හික්මෙන, තවම අරහත්වයට නොපැමිණි, **(අනුත්තරං යෝගක්ඛේමං පත්ථයමානා විහරන්ති)** අනුත්තර වූ යෝගක්ඛේම නම් වූ නිවන පතමින් වාසය කරන භික්ෂූන් ඉන්නවා. යෝග හතරක් තියෙනවා. කාම යෝග, භව යෝග, දිට්ඨි යෝග, අවිජ්ජා යෝග කියලා. කාමයේ යොදවනවා හිතයි කයයි වචනයයි. ඒක කාමයෝග. භව පැවැත්මට යොදවනවා. ඒක භව යෝග. නොයෙක් දෘෂ්ටි මතවාදවලට යොදවනවා. ඒක දිට්ඨි යෝග. අවිද්‍යාවට යොදවනවා. අවිජ්ජා යෝග. ඒ යෝගයන්ගෙන් නිදහස් වීමට කියනවා යෝග ක්ෂේමය කියලා. ඒ කියන්නේ නිවන. ඒ උතුම් නිවන බලාපොරොත්තුවෙන් වාසය කරන භික්ෂූන් ඉන්නවා. **(තේසු මේ අයං ඒවරූපී අනුසාසනී හෝති)** ඒ භික්ෂූන්ට ඔය විදිහේ අනුශාසනාවක් තමයි මං කරන්නේ" කියනවා.

(යේ පන තේ භික්ඛූ අරහන්තෝ ඛීණාසවා වුසිතවන්තෝ) "ඒ වගේම අරහත්වයට පත් වූ, ආශ්‍රවයන් ක්ෂය කළ, නිවන් මග සම්පූර්ණ කළ, කළ යුත්ත කළ, කෙලෙස් බර බැහැර කළ, පිළිවෙළින් පැමිණි උතුම් අර්ථය ඇති, භව සංයෝජන ක්ෂය කළ, මනා අවබෝධයෙන් සංසාර දුකෙන් නිදහස් වූ භික්ෂූන් වහන්සේලා ඉන්නවා. ඒ රහතුන්ට පවා ඔය ධර්මයන් මෙලොවදීම සැප විහරණය පිණිසත්, සිහි නුවණ පිණිසත් පවතිනවා."

නිවන් සැපය භුක්ති විඳීම....

දැන් බලන්න මුලදි පුහුණුව ලේසිද? ලේසි නෑ. පුහුණුව දෙද්දී හිරවෙලා වගේ තමයි ඒ පුහුණුව කළේ.

ඒ පුහුණුව ඉවර වුණාට පස්සේ සියල්ලෙන් ම නිදහස් වෙලා නිවන් සැපය භුක්ති විඳිමින් ඉන්නවා. රතන සූත්‍රයේ ගාථාවකත් තියෙන්නේ **(ලද්ධා මුධා නිබ්බුතිං භුඤ්ජමානා)** ලැබිච්ච නිවන වළඳ වළඳ ඉන්නවා කියලා. එකතැනක තියෙනවා ධර්මාශෝක රජ්ජුරුවන්ගේ කාලේ පාටලීපුත්‍රයේ අශෝකාරාමයේ අස්සගුත්ත කියන මහරහතන් වහන්සේ සමාධියෙන් වැඩහිටියා. ඉන්දෙද්දී තරුණ කොලුගැටව් ටිකක් ආවා. ඇවිල්ලා බලලා වන්දනා කරලා කතා කළා. සද්දයක් නෑ. ඊට පස්සේ තව ස්වාමීන් වහන්සේ නමක් ගාවට ගිහිල්ලා කිව්වා 'අනේ ස්වාමීනී, අපි අර තෙරුන් වහන්සේට වැන්දා. කතා කොළේ නෑ නොවැ' කිව්වා. එතකොට කිව්වා 'නෑ.... ඒ යමක් වළඳනවා...' කිව්වා.

ඊට පස්සේ අර කොල්ලෝ ටික පැත්තකට වෙලා බලාන උන්නා අර තෙරුන් වහන්සේ භාවනාවෙන් නැගිටිනකම්. භාවනාවෙන් නැගිට්ටාම ගිහිල්ලා වන්දනා කළා. 'අනේ ස්වාමීනී, ඔබවහන්සේ මොකක්දෑ ඔය වාඩිවෙලා කොළේ...?' කියලා ඇහුවා. එතකොට තෙරුන් වහන්සේ කිව්වා 'පුතණ්ඩ, වැළඳිය යුතු දෙයක් මං වැළඳුවා නොවැ' කිව්වා. 'අනේ ස්වාමීනී, ඒ වළඳපු දේ හරි අගේ ඇති. අපටත් වළඳවන්ට' කිව්වා. 'කොල්ලනේ, නුඹලාටත් වළඳවන්ට පුළුවනි. හැබැයි අපි වගේ වෙන්ට ඕනෑ' කිව්වා. එවෙලෙම ගිහි ජීවිතේ අත්හැරලා පැවිදි වුණා. බලන්න මහා පින්වන්තයන් හිත පහදවන විදිහ සහ හිත පහදවගත්තු විදිහ.

සියලු දෙනා නිවන් දකිනවා ද...?

ඊට පස්සේ ගණක මොග්ගල්ලාන බ්‍රාහ්මණයා අහනවා "භවත් ගෞතමයන් වහන්ස, දැන් ඔබ වහන්සේ

තමන්ගේ ශ්‍රාවකයන්ට ඔය විදිහට අවවාද කරකරා හික්මෙන්ට උදව් කරනවානේ. ඒ අවවාද අනුශාසනා ලබන සියල්ලෝ ම අමා නිවන සාක්ෂාත් කරනවා ද, නැත්නම් කොටසක් විතරක් අමා නිවන සාක්ෂාත් කරනවාද?" "බ්‍රාහ්මණය, මගේ ශ්‍රාවකයන්ට මං ඔය විදිහට අවවාද කරනවා. හැබැයි සියලු දෙනා අමා නිවන සාක්ෂාත් කරන්නේ නෑ. සමහරුන්ට ඒක කරගන්ට බෑ" කිව්වා. **(කෝ නු ඛෝ හෝ ගෝතම හේතු කෝ පච්චයෝ)** "භවත් ගෞතමයන් වහන්ස, මොකක්දෑ ඒකට හේතුව? **(යං තිට්ඨතේව නිබ්බානං)** නිවනත් තියෙද්දි, **(තිට්ඨති නිබ්බානගාමි මග්ගෝ)** නිවනට යන්ට මාර්ග යකුත් තියෙද්දි, **(තිට්ඨති භවං ගෝතමෝ සමාද්පේතා)** ඒ මාර්ගය පෙන්නන්ට භවත් ගෞතමයන් වහන්සේත් ඉන්දෙද්දී, භවත් ගෞතමයන් වහන්සේ මේ විදිහට අවවාද අනුශාසනා කරද්දීත් ඇතැම් කෙනෙක් අමා නිවන් සැප කරා යන්ටත් තව කෙනෙක් නොයන්ටත් කාරණය මොකක්ද?" කියලා ඇහුවා.

රජගහනුවරට යන පාර කොයිබදෝ...?

"බ්‍රාහ්මණය, මම ඔබෙන් ම මේ කාරණය ගැන අහන්නම්. ඔබ සතුටු හැටියට උත්තර දෙන්ට. කවුරුහරි ඔබෙන් රජගහනුවරට යන්ට පාර ඇහුවොත් කියන්ට පුළුවනිද?" "අනේ භවත් ගෞතමයන් වහන්ස, මං රජගහනුවර ඉඳන් ආපු කෙනෙක්. මට රජගහනුවරට යන පාර හරියට කියන්ට පුළුවනි" කිව්වා. එතකොට බුදුරජාණන් වහන්සේ අහනවා "හරි... බ්‍රාහ්මණය, එහෙනම් රජගහනුවරට යන්ට ආසා කෙනෙක් ඔබ ළඟට ඇවිදින් අහනවා 'අනේ පින්වත, මං රජගහනුවරට යන්ට හරී ආසයි. මට ඒ රජගහනුවරට යන පාර

කියන්ට පුළුවන්ද...?' කියලා. එතකොට ඔබ මොකක්ද කියන්නේ?" කියලා ඇහුවා. "ස්වාමීනී, මං එතකොට ඒ රජගහනුවරට යන්ට ආසා කෙනාට කියනවා මේන්න මේ පාරෙන් යන්න. ඔහොම යනකොට අසවල් ගම මුණගැහේවි. ඒ ගම පහුකොරාන තව පෝඩ්ඩක් ඉදිරියට යන්න. ඊට පස්සේ හම්බවෙයි දෙමං හංදියක්. එතනින් වමට හැරෙන්නේ නැතුව දකුණට හැරෙන්න. හැරිලා යනකොට තවත් ගමක් හම්බවෙයි. ඒකත් පහු කොරාන යන්න. එතකොට නුඹට **(ආරාමරාමණෙය්‍යකං)** ආරාමයන්ගෙන් රමණීය වූ, **(වනරාමණෙය්‍යකං)** වනයන්ගෙන් රමණීය වූ, **(භූමිරාමණෙය්‍යකං)** බිමෙන් රමණීය වූ, **(පොක්ඛරණීරාමණෙය්‍යකං)** පොකුණුවලින් රමණීය වූ රජගහනුවර හම්බවේවි" කියලා. බුදුරජාණන් වහන්සේ අහනවා "එතකොට බ්‍රාහ්මණය, ඔබ ඒ පුද්ගලයාට ඔය විදිහට හොඳට පාර කියාදෙනවා. පාරත් අහගන්නවා. හැබැයි එයා කියාපු පාරෙන් නැතුව වෙන වැරදි පාරකින් යනවා.

වැරදි පාරේ ගියාට මං මොනවා කරන්නද...?

තව එක්කෙනෙක් එනවා. එයත් කියනවා 'පින්වත, මට රජගහනුවරට යන්ට ඕනෑ. අනේ මට පාර කියන්ට' කියලා. එයාටත් ඒ විදිහට ම පාර කියනවා 'එහෙනම් නුඹ මේන්න මේ පාරෙන් යන්න. ඔහොම යනකොට අසවල් ගම මුණගැහේවි. ඒ ගම පහුකොරාන තව පෝඩ්ඩක් ඉදිරියට යන්න. ඊට පස්සේ හම්බවෙයි දෙමං හංදියක්. එතනින් වමට හැරෙන්නේ නැතුව දකුණට හැරෙන්න. හැරිලා යනකොට තවත් ගමක් හම්බවෙයි. ඒකත් පහු කොරාන යන්න. එතකොට නුඹට ආරාමයන්ගෙන්

රමණීය වූ, වනයන්ගෙන් රමණීය වූ, බිමෙන් රමණීය වූ, පොකුණුවලින් රමණීය වූ රජගහනුවර හම්බවේවි" කියලා. බ්‍රාහ්මණය, ඔය විදිහට අවවාද අනුශාසනාව ලබාගෙන, ඒ කියපු පාරේ ම ගිහිල්ලා ඒ කෙනා ඉතා සුවසේ රජගහනුවරට යනවා.

බ්‍රාහ්මණය, රජගහනුවරත් තියෙනවා. රජගහනුවරට යන්ට පාරකුත් තියෙනවා. ඒ පාරේ යන හැටි කියාදෙන්ට ඔහෙත් ඉන්නවා. රජගහනුවරට යන පාර ඇහුවාම දෙන්නාට ම එක විදිහට ම පාර කිව්වා. එක්කෙනෙක් වැරදි පාරේ ගියා. අනෙත් එක්කෙනා හරි පාරේ ගිහින් සුවසේ රජගහනුවරට ගියා. ඒ මොකද එහෙම වුනේ...?" කියලා ඇහුවා. එතකොට කියනවා **(එත්ථ ක්‍යාහං භෝ ගෝතම කරෝමි)** භවත් ගෞතමයන් වහන්ස, ඒකට මං මක්කොරන්ටද... **(මග්ගක්ඛායීහං භෝ ගෝතම)** මම හරි විදිහට පාර කිව්වා නොවැ."

තථාගතයන් කරන්නේ මග පෙන්වන එක විතරයි....

එතකොට බුදුරජාණන් වහන්සේ වදාළා **(ඒවමේව භෝ බ්‍රාහ්මණ)** බ්‍රාහ්මණය, මේකත් ඒ වගේ තමා. **(තිට්ඨතේව නිබ්බානං)** අමා මහ නිවන තියෙනවා. **(තිට්ඨති නිබ්බානගාමිමග්ගෝ)** නිවනට යන්ට පාරත් තියෙනවා. **(තිට්ඨමාහං සමාදපේතා)** ඒ පාර මනාකොට පෙන්වන්ට මාත් ඉන්නවා. ඒ වුණාට මේ විදිහට අවවාද අනුශාසනා කරද්දී මාගේ ශ්‍රාවකයන්ගෙන් ඇතැම් අය ඒ පාරේ හරි විදිහට යනවා. ගිහින් **(අච්චන්තනිට්ඨං නිබ්බානං ආරාධෙන්ති)** අමා නිවන ලබාගෙන සැනසෙනවා. **(ඒකච්චේ නාරාධෙන්ති)** සමහරු වරද්දා

ගන්නවා. **(එත්ථ ක්‍යාහං බ්‍රාහ්මණ කරෝමි)** බ්‍රාහ්මණය, ඒකට මං මක් කොරන්ටද... **(මග්ගක්ඛායීහං බ්‍රාහ්මණ තථාගතෝ)** තථාගතයන් කරන්නේ මාර්ගය පෙන්වන එක විතරයි නොවැ."

අකුසල් පොදි බැඳන් ඉන්න අය....

එතකොට ගණක මොග්ගල්ලාන කියනවා. "භවත් ගෞතමයන් වහන්ස, හරියට හරි. සමහරු ඉන්නවා උන්දැලාට **(අස්සද්ධා)** ශ්‍රද්ධාව නෑ. **(ජීවිකත්ථා අගාරස්මා අනගාරියං පබ්බජිතා)** ජීවත් වීම පිණිසයි සිවුරු දාගෙන ඉන්නේ. **(සඨා)** කට්ටයි. **(මායාවිනෝ)** මායාකාරියි. හිතේ තියෙන එක වෙනින් එකක්, කියන්නේ වෙනින් එකක්. **(කේටුභිනෝ)** වංචනිකයි. **(උද්ධතා)** උඩගුයි. **(උන්නළා)** හිතට අරගෙන ඉන්නවා. **(චපලා)** චපලයි. **(මුඛරා)** ඕන තරම් කියවන්ට දන්නවා. කට මුඛරියි. **(විකිණ්ණවාචා)** කියෝ කියෝ ඉන්ට හැකියි. **(ඉන්ද්‍රියේසු අගුත්තද්වාරා)** ඉඳුරන් වසාගෙන නෑ. **(භෝජනේ අමත්තඤ්ඤුනෝ)** භෝජනයෙහි අර්ථය දන්නෙත් නෑ. **(ජාගරියං අනනුයුත්තා)** නිදිමරන්ටත් බෑ.

මේකේ ලස්සන වචනයක් කියනවා **(සාමඤ්ඤේ අනපෙක්ඛවන්තෝ)** මේ සාසනයේ ප්‍රතිඵලයක් ගන්ට ඕනෑ කියලා බලාපොරොත්තුවක් නෑ. **(සික්ඛාය න තිබ්බග ාරවා)** ශික්ෂාව ගැන තියුණු ගෞරවයක් නෑ. **(බාහුලිකා)** ඔය එක එක බාහිර දේවල් එකතු කරගන්නවා. **(සාථලිකා)** සසුන් ප්‍රතිපදාව හැල්ලුවට ගන්නවා. **(ඔක්කමනේ පුබ්බංගමා)** පංච නීවරණ ම පෙරට අරගෙන ඉන්නවා. **(පවිවේකේ නික්ඛිත්තධුරා)** ගන්ට ඕන වීරිය අතඇරලා. **(කුසීතා)** හිතේ හටගන්න කෙලෙස් දුරු කරගන්ට

කම්මැලියි. **(හීනවිරියා)** වීරිය අඩුයි. **(මුට්ඨස්සතිනෝ)** සිහිය මුළාවෙලා. **(අසම්පජානා)** මොළෙත් නෑ. **(අසමාහිතා)** හිත තැන්පත් නෑ. **(විබ්භන්තචිත්තා)** භ්‍රාන්ත සිත් ඇතුව ඉන්නවා. භ්‍රාන්ත හිත කියන්නේ මොනවාහරි දේකට හතික කළබල වෙනවා. අපි අහලා තියෙනවනේ කලබල වුණාම කොරස් කටෙත් අතදාන්ට බෑ කියලා. කොරහ කියන්නේ පුංචි එකක්යැ. ඒකේ අතදාන්ටත් බැහැ කියනවා කළබළේට. **(දුප්පඤ්ඤා)** නුවණ නෑ. **(ඒළමූගා)** මොට්ටයි. **(න තේහි භවං ගෝතමෝ සද්ධිං සංවසති)** භවත් ගෞතමයන් වහන්සේ අන්න එබඳු අයත් එක්ක නම් වාසය කරන්නේ නෑ කියලා මට පැහැදිලියි." කියනවා.

සසරේ පින් පිරූ උතුමන්....

ඒ වගේම භවත් ගෞතමයන් වහන්ස, ඇතැම් කුලපුත්‍රයෝ ඉන්නවා **(සද්ධා අගාරස්මා අනගාරියං පබ්බජිතා)** ගිහි ජීවිතය අත් හැරලා පැවිදි වෙන්නේ භවත් ගෞතමයන් වහන්සේ කෙරෙහි ඇති පැහැදීමෙන් ම යි. ධර්මය ගැන ඇති පැහැදීමෙන් ම යි. ශ්‍රාවක සංඝයා ගැන ඇති පැහැදීමෙන් ම යි. **(අසඨා)** කට්ට නෑ. **(අමායාවිනෝ)** මායා නෑ. **(අකේටුභිනෝ)** වංචනික නෑ. **(අනුද්ධතා)** උඩගු නෑ. **(අනුන්නළා)** හිතට අරගෙන නෑ. **(අචපලා)** චපල නෑ. **(අමුඛරා)** මුඛරි නෑ. **(අවිකිණ්ණවාචා)** දොඩව දොඩව ඉන්නේ නෑ. **(ඉන්ද්‍රියේසු ගුත්තද්වාරා)** ඉඳුරන් වසාගෙන ඉන්නවා. **(භෝජනේ මත්තඤ්ඤුනෝ)** මොනවාහරි ලැබුණොත් පාඩුවේ වළඳලා ඉන්නවා. **(ජාගරියං අනුයුත්තා)** නිදි වරමින් භාවනා කරනවා.

(සාමඤ්ඤේ අපෙක්ඛවන්තෝ) තමන්ගේ

පැවිදි ජීවිතෙන් තමන් පිහිටක් ගන්ට ඕනෑ කියලා බලාපොරොත්තුවක් තියෙනවා. **(සික්ඛාය තිබ්බගාරවා)** ශික්ෂාව කෙරෙහි තියුණු ගෞරවයකින් යුක්තයි. **(න බාහුලිකා)** අදාළ නැති බඩුමුට්ටු රැස් කරන්නේ නෑ. **(න සාථලිකා)** සසුන් ප්‍රතිපදාව හැල්ලුවට ගන්නේ නෑ. **(ඔක්කමනේ නික්ඛිත්තධුරා)** පංච නීවරණ පෙරට ගන්නේ නෑ. **(පවිවේකේ පුබ්බංගමා)** හුදෙකලා විවේකයෙන් ඉන්නවා. **(ආරද්ධවිරියා)** පටන්ගත් වීරියෙන් යුක්තයි. **(පහිතත්තා)** බලවත් කැපවීමකින් යුක්තයි. **(උපට්ඨිතසතිනෝ)** සිහිය පිහිටුවාගෙන ඉන්නවා. **(සම්පජානා)** නුවණින් යුක්තයි. **(සමාහිතා)** සමාහිත සිතින් ඉන්නවා. **(ඒකග්ගචිත්තා)** එකඟ සිතින් ඉන්නවා. **(පඤ්ඤවන්තෝ)** ප්‍රඥාවන්තයි. **(අනේළමූගා)** මෝඩ නෑ. **(තේහි භවං ගෝතමෝ සද්ධිං සංවසති)** භවත් ගෞතමයන් වහන්සේ එකට වාසය කරන්නේ එබඳු අයත් එක්කයි" කියනවා.

අපහදින්න ම යි සිතිවිලි පහළ වෙන්නේ....

දැන් බලන්ට ඒ කාලේ මිනිස්සුන්ට කියාපු දේ තේරුණාද නැද්ද? බුදුරජාණන් වහන්සේ මේ කෙනාට කිව්වා මං මේ විදිහට අවවාද අනුශාසනා කරනවා. කොටසක් නිවන කරා යනවා. කොටසක් යන්නේ නෑ කියලා. මේ කෙනා ඒක හරි විදිහට ම තේරුම් ගත්තා. ඇදේ හොයන්න ගියපු එක්කෙනෙක් නම් ඔහොම නෙමෙයි කරන්නේ. 'ඉතින් භවත් ගෞතමයන් වහන්සේට ඉර්ධිත් තියෙනවා නොවැ. ඇයි ඉතින් බැරි ඉර්ධි පෙන්නලා පටලවලා ආයෙ මාර්ගයට දමන්ට' කියලා කියාවි. ඒ විදිහට අපහදින්ට තමයි සිතිවිලි පහල වෙන්නේ. පහදින්ට නෙමෙයි. අද ගොඩාක් එහෙම අයනේ ඉන්නේ.

'ඇයි ඉතින් මෙහෙම කරන්ට පුළුවන් නේ. අරම කරන්න පුළුවන් නේ' කියලා දනුත් කියනවා නේද මිනිස්සු? ඒ මොකද හේතුව? උඩඟුයි. ඒ උඩඟුකම මේ මනුස්සයාට නෑ. මෙයා කියනවා 'භවත් ගෞතමයන් වහන්සේ හරියට ම හරි. පටලැවිලා වරද්දාගෙන යන්නේ මෙන්න මේ ජාතියේ බඩු වෙන්ට ඇති' කියලා ඒ පිරිසේ තියෙන ගතිගුණ ගැන විස්තර කළා. මොකද, මෙයත් ගුරුවරයෙක් නේ. මෙයා දන්නවනේ ඉගෙනීමට දක්ෂ ළමයාගේ ලක්ෂණත්, ඉගෙන ගන්ට බැරි එකාගේ ලක්ෂණත්. ඒ නිසා මෙයාට එකපාරට ඒක පැහැදිලි වුණා මෙන්න මේ ජාතියේ බඩු නම් මේක අල්ලන්නේ නෑ. මෙන්න මේ වගේ ගුණ තියෙන අය මේක තේරුම් ගන්නවා' කියලා.

ලෝකයේ අග්‍ර ම අවවාදය....

බලන්න මේ මනුස්සයාගේ හිත කොච්චර පැහැදුනාද කියන්නේ, මෙයා කියනවා "භවත් ගෞතමයන් වහන්ස, **(යේ කේචි මූලගන්ධා)** මේ මුල්වලින් සුවඳ එන ජාති තියෙනවා. **(කාලානුසාරිකං තේසං අග්ගමක්ඛායති)** ඒ මුල්වලින් සුවඳ එන එවායින් සුවඳ ම එක කලුඅගිල් කියනවා. **(යේ කේචි සාරගන්ධා)** අරටුවෙන් සුවඳ එන ඒවා තියෙනවා. **(ලෝහිතචන්දනං තේසං අග්ගමක්ඛායති)** ඒවායින් සුවඳ ම අරටුව තමයි රත්සඳුන් අරටුව. **(යේ කේචි පුප්ඵගන්ධා)** සුවඳ මල් වර්ග තියෙනවා. **(වස්සිකං තේසං අග්ගමක්ඛායති)** ඒවායින් සුවඳ ම මල දෑසමන්. ඒ වගේ භවත් ගෞතමයන් වහන්ස, ලෝකයේ එක එක ශිල්ප ශාස්ත්‍ර ගැන අවවාද තියෙනවා. ඒ අවවාද අතර අග්‍ර ම අවවාදය ඔබවහන්සේගේ" කියනවා. කොච්චර ලස්සනද මේ කාරණය.

සාමාන්‍යයෙන් බ්‍රාහ්මණයෝ හැමතිස්සේම බුදුරජාණන් වහන්සේට කතා කළේ භවත් ගෞතමයන් වහන්ස කියලයි. ඒ කියන්නේ උන්වහන්සේගේ පරම්පරා නාමයෙන්. ක්ෂත්‍රිය, වෛශ්‍ය, ශුද්‍ර වගේ අනිත් වංශවල අය කතා කළේ **(භන්තේ භගවා)** ස්වාමීනී, භාග්‍යවතුන් වහන්ස කියලයි. බ්‍රාහ්මණයොත් බුදුරජාණන් වහන්සේගෙන් ධර්මය අහලා පැහැදිලා තෙරුවන් සරණ ගියාට පස්සේ ස්වාමීනී, භාග්‍යවතුන් වහන්ස කියලා කතා කරනවා.

තිසරණයේ පිහිටියා....

(අභික්කන්තං භෝ ගෝතම) "භවත් ගෞතමයන් වහන්ස, අති මනහරයි. **(අභික්කන්තං භෝ ගෝතම)** භවත් ගෞතමයන් වහන්ස, අති මනහරයි. **(සෙය්‍යථාපි භෝ ගෝතම නික්කුජ්ජිතං වා උක්කුජ්ජෙය්‍ය)** භවත් ගෞතමයන් වහන්ස, යටට හරවා තිබ්බ්ච්ච එකක් උඩට හැරෙව්වා වගේ. **(පටිච්ඡන්නං වා විවරෙය්‍ය)** වහලා තිබ්බ්ච්ච එකක් වැහුං ඇරලා පෙන්නුවා වගේ. **(මූළ්හස්ස වා මග්ගං ආචික්ඛෙය්‍ය)** මංමුළා වුන කෙනෙකුට හරි මාර්ගය පෙන්නුවා වගෙයි. **(අන්ධකාරේ වා තේලපජ්ජෝතං ධාරෙය්‍ය චක්ඛුමන්තෝ රූපානි දක්ඛින්තීති)** ඇස් ඇති අය රූප දකිත්වා කියලා අන්ධකාරේ තෙල් පහනක් පත්තු කළා වගෙයි.

(ඒවමේවං භෝතා ගෝතමේන අනේකපරියායේන ධම්මෝ පකාසිතෝ) ඒ වගේ භවත් ගෞතමයන් වහන්සේ නොයෙක් ආකාරයෙන් මට මේ දහම් කරුණු කියා දුන්නා. (මෙයා තමන්ගේ ආගම එවෙලෙම අත්ඇරියා) **(ඒසාහං භවන්තං ගෝතමං සරණං ගච්ඡාමි)** භවත් ගෞතමයන් වහන්සේව මං සරණ යනවා. **(ධම්මං ච භික්ඛුසංඝං**

ච) ඒ ධර්මයත් සරණ යනවා. භික්ෂු සංඝයාවත් සරණ යනවා" කිව්වා. දැන් භික්ඛු සංඝං කියපු ගමන් ගණක මොග්ගල්ලානගේ ඔළුවට එන්නේ මාර්ගය වරද්ද ගත්තු කාණ්ඩෙ ද අනිත් පිරිස ද? මගඵල සාක්ෂාත් කළ පිරිස. **(උපාසකං මං භවං ගෝතමෝ ධාරේතු අජ්ජතග්ගේ පාණුපේතං සරණං ගතන්ති)** "අනේ භවත් ගෞතමයන් වහන්සේ මං මගේ පණ තියෙනතුරා මේ ත්‍රිවිධ රත්නය සරණ ගිය කෙනෙක් හැටියට මාව පිළිගන්ට" කිව්වා.

තමන්ගේ ම උපමාවක්....

දැන් බලන්න ඒ අහපු බණ පොඩ්ඩට මෙයාට අර වගේ උපමාවක් මතක් වුණා නම්, කලු අගිල් උපමාව, රත් හඳුන් උපමාව, දෑසමන් උපමාව මතක් වුණා නම් මෙයා නොයෙක් උපමා ආශ්‍රයෙන් තමන්ගේ ශාස්තෘන් වහන්සේව මෙනෙහි කරකරා සිත පහදවා ගන්නේ නැද්ද? සිත පහදවා ගන්නවා. කෝ අපිට ඒ හැකියාව? ආන්න ඒකයි වෙනස. දැක්කද මේ බ්‍රාහ්මණයා එකපාරටම තමන්ගේ ම උපමාවලින් භාග්‍යවතුන් වහන්සේව හඳුනාගෙන විග්‍රහ කරගත්තා. තමන්ගේම උපමාවලින් වෙනස හඳුනා ගත්තා. තමන්ගේ ම උපමාවලින් ප්‍රශංසා කළා. හරි දැන් හිතලා බලන්න ඔබට පුළුවන් ද තමන්ගේ ම උපමාවලින් බුදුරජාණන් වහන්සේ ගැන කිය කියා යන්ට? බෑ. හිත වැඩ කරන්නේ නෑ. උපමා ඒවි වෙන වෙන දේවල්වලට නම්. 'ආන් අල්ලපු ගෙදර එකී මෙහෙමයි... ආන් අරකී මෙහෙමයි... අරකා මෙහෙමයි... කියලා කියන්ට නම් උපමා කෙළවරක් නැතුව ඒවි. මේ වගේ උතුම් දේකට එන්නෙ නෑ.

පහන් සිතින් සිහි කළයුතුයි....

මම දැක්කා එක තැනක බුදුරජාණන් වහන්සේගේ ඥාණය ගැන තියෙනවා ලස්සන උපමාවක්. මහා ගුරුළු රාජයෙක් තමන්ගේ අත්තටු දිගඇරගෙන මේ නිල් ගගන තලය පුරා පියාඹා ගියත් මේ ගගන තලය වසන්ට බෑ කියනවා. ඒ වගේ කියනවා බුදුරජාණන් වහන්සේගේ අනන්ත ඥාණය. මහා තිමිංගල මත්ස්‍ය රාජයා සාගර ජලය කළඹ කළඹා පීනාගෙන ගියාට සාගරය වසන්ට බෑ කියනවා. ඒ වගේ කියනවා මේ ලෝකේ කිසි කෙනෙකුට භාග්‍යවතුන් වහන්සේගේ නුවණ වසන්ට බෑ කියනවා. බලන්න කොච්චර ලස්සන උපමා ද. මේ වගේ කරුණුවලින් හිත පහදවාගෙන ඒ පහන් සිතෙන් බුදුරජාණන් වහන්සේව මෙනෙහි කරකරා ඉන්නකොට සතුට උපදිනවා. ඒ සතුටෙන් තමයි සරණ රැඳෙන්නේ.

මේ බුද්ධ ශාසනයේ තියෙන අනුපිළිවෙළ ප්‍රතිපදාව ගැන අහලා මේ බ්‍රාහ්මණයා බොහෝම සන්තෝෂයට පත්වුණා. මං හිතන්නේ මෙයා වයසක කෙනෙක් වෙන්ට ඕනෑ. මෙයා ගුරුවරයෙක් නේ. ගණන් උගන්වන ගුරුවරයෙක්. ගණිතඥයෙක්. මේ කෙනා නානාප්‍රකාර බ්‍රාහ්මණයන් ඇසුරු කරන්ට ඇති. නානාප්‍රකාර ශිල්ප ශාස්ත්‍ර ගැන අහන්ට ඇති. නමුත් ඒ කොහේවත් මේ විදිහට නිකෙලෙස් වෙලා අමා නිවන සාක්ෂාත් කරලා ඒක ස්පර්ශ කරකර සතුටු වෙවී, අමා නිවනේ ආශ්වාදය, ලොව්තුරු සුවය විඳ විඳා ඉන්න ක්‍රමයක් ගැන අහලා තිබුණේ නෑ. මේක අහපු ගමන් පුදුමෙනුත් පුදුමෙට පත්වුණා. මෙයා මගඵල ලැබුවේ නෑනේ. නමුත් පහන් සිතින් අර උපමා කිව්වේ. ඒ පහන් සිත මේ බ්‍රාහ්මණයාව මොනතරම් දුරට අරන් යයිද.

ජීවිතයේ අභ්‍යන්තරය සම්පූර්ණයෙන් ම පේනවා....

සමහරවිට ඊළඟ ආත්මෙක මෙයා පැවිදි වෙලා මගඵල ලබන්ටත් පුළුවනි. බුදුරජාණන් වහන්සේ එයාගේ අනාගතය බලලා මේක දේශනා කළාද දන්නෙත් නෑ. මොකද හේතුව, බුදුරජාණන් වහන්සේ ආවට ගියාට කතා කරන්නේ නෑ. උන්වහන්සේට මනුස්සයෙක් දැක්ක ගමන් පේනවා මෙයා අසවල් ආත්මේ මෙහෙම පින් කරපු එක්කෙනෙක්. මේ කෙනා මේ විදිහට ධර්මය මෙනෙහි කරලා, මේ විදිහට පැවිදි වෙලා, මෙහෙම මෙහෙම හිටපු කෙනෙක් කියලා අපේ සම්පූර්ණ වාර්තාව අපිව දැකපු ගමන් උන්වහන්සේ දන්නවා. ඒ අනුකූලව තමයි දහම් කතාව පවත්වන්නේ. එතකොට ගානට අර හිත ඇතුලේ තියෙන දේවල් මතුවෙලා එනවා.

සසර පුරුදුවලට අනුව හිත ඇදිලා යනවා....

දැන් අපි ගත්තොත්, හොරකම් කරන්ට ආසා කෙනෙකුට හොරෙක් ඇවිදින් හොරකම ගැන කිව්වොත් එයාගේ හිත ඒකට ඇදීලා යන්නෙ නැද්ද? හා... කියාපං... තව කියාපං... ඒක කොහොමෙයි කරන්නේ? කියලා අහනවා. චරිතය නරක් වෙච්ච කෙනෙකුට වනචරකමක් ගැන කියනකොට හා.... කියාපං කියාපං කියලා ඒකට හිත ඇදිලා යනවා. වෛරය ක්‍රෝධය ඇතිවෙන කෙනෙකුට ඒ ජාතියේ එකක් කිව්වොත් අනේ කියාපං... මගේ ඇඟේ මාළු නටනවා... තව කියාපං කියලා ඒකට හිත ඇදීලා යනවා. ඒ වගේ හිත ගුණධර්මවලට පුරුදු වෙච්ච කෙනාට, විමුක්තියක් පුරුදු වෙච්ච කෙනාට මේ කතාවල් ඇහෙනකොට මොකද වෙන්නෙ, සිත ඇදීලා

යනවා. අන්න ඒ විදිහට තමයි බුදුරජාණන් වහන්සේගේ ධර්මයට කෙනෙක් ඇදිලා යන්නේ.

තමන් තමන්ව සරණ කරගන්න ඕනෙ....

ඒ නිසා අපිත් බුදුරජාණන් වහන්සේ කෙරෙහි හිත පහදවා ගන්ට ඕන. උන්වහන්සේගේ ධර්මය කෙරෙහි හිත පහදවා ගන්ට ඕනෙ. උන්වහන්සේගේ ශ්‍රාවක සංඝයා කෙරෙහි සිත පහදවා ගන්ට ඕනෙ. බුදුරජාණන් වහන්සේට අපි කියනවා අනුත්තරෝ පුරිසදම්මසාරථී කියලා. සාරථී කිව්වේ රථාචාර්යයා. රථාචාර්යයා පිරිස කැඳවාගෙන යනවා කාන්තාරෙන් එතෙරට. ඒ වගේ පුරුෂයන් දමනය කරන තථාගතයන් වහන්සේ ගාවට තමයි පින්වන්තයෝ එන්නේ. ඇවිල්ලා මුළුමනින් ම දමනය වුණා. ඒ යුගය ඉවරයි දැන්. දැන් තියෙන්නේ වැඩිපුර කොටසක් තමන්ගේ ම පැත්තෙන් කරගැනීමටයි. බාහිරින් බොහොම ටිකයි තියෙන්නේ.

බුද්ධ කාලේ බාහිරින් හොඳට උදව් තිබුණා. රහතන් වහන්සේලාගේ කාලෙත් බාහිරින් හොඳට උදව් තිබුණා. මාර බලයත් යම් ප්‍රමාණයකට මර්දනය කරලයි තිබුණේ. දැන් බාහිරින් මොකුත් නෑ. යන්තම් බණ පදයක් ඇහුණොත් විතරයි. එහෙනම් තමන්ගේ පැත්තෙන් ම යි හිත හිතා පරිස්සම් කරගන්ට තියෙන්නේ. තමන්ගේ පැත්තෙන් පරිස්සම බැරිවුණොත් බාහිරිනුත් උදව් නෑ. බාහිරින් විශාල උදව් නෑ. බොහෝම පුංචි උපකාරයක් තමයි බාහිරින් තියෙන්නේ.

ඈත පැල්පතක දැල්වෙන පහන් එළිය....

තමන්ගේ පැත්තෙන් උදව්ව ගන්ට මූලික වන දේ තමයි තමාගේ බලාපොරොත්තුව. කුමක්

පිළිබඳ බලාපොරොත්තුව ද? සුගතියේ උපත පිළිබඳ බලාපොරොත්තුව. චතුරාර්ය සත්‍යය අවබෝධ පිළිබඳ බලාපොරොත්තුව. ඒක තියෙන්ට ඕන මේ වගේ. අපි කියමු මහා කලුවරක අපි ඉන්නවා. කොහේවත් අපිට යන්ට එන්ට තැනක් නෑ. අපිට පේනවා ඈත පැල්පතක පුංචි එළියක්. එතකොට අපට හිතෙනවා ආන්න අතන නම් ආරක්ෂාවක් තියෙයි කියලා. ඒ ඈත පැල්පතේ තියෙන පුංචි එළිය අපිට පෙනුනොත් අපිට යායුතු දිසාව වැටහෙන්නේ නැද්ද? දිසාව කියලා මම කිව්වේ උතුරු නැගෙනහිර නෙමෙයි. යන්ට ඕන පැත්ත. 'ආන්න අසවල් තැන එළියක් තියෙනවා. මේ අන්ධකාරේ නම් පිහිටක් නෑ' කියලා එයා හැමතිස්සේ ම එළිය මඟහැරෙන්ට නොදී ඒ එළිය දිහා බලාගෙන තමයි යන්නේ. පය පැකිලී වැටුණත් ආයෙ නැගිටලා බලනවා එළිය පේනවාද කියලා. වෙන පැත්තකට හැරුණත් බලනවා එළිය පේනවාද කියලා. පේන්න නැත්නම් ආන් එළිය තියෙන පැත්ත කියලා ආයෙත් හැරෙනවා හරි පැත්තට.

සුගතිය පිළිබඳ බලාපොරොත්තුව....

එතකොට හෙමින් හෙමින් හරි එයා ළං වෙන්නේ කොතනට ද? එළිය තියෙන තැනටයි. අන්ධකාරයේ ඉන්න මනුස්සයෙකුට ඈත පැල්පතක දැල්වෙන පහන් ආලෝකයක් දකින්ට ලැබුණාම ඒක දිහා බලාගෙන යනවා වගේ බුදුරජාණන් වහන්සේ වදාළ ධර්මය තුළ සුගතියක් ගැන කතා කරනවා පේනවා. සත්පුරුෂ ආශ්‍රයක් ගැන කතා කරනවා. කල්‍යාණමිත්‍ර සේවනයක් ගැන කතා කරනවා. චතුරාර්ය සත්‍යයට උපකාරක ධර්ම කතා කරනවා. ආන්න ඒවා ඒ කෙනාට පේන්ට ඕන අන්ධකාරේ ඈත පේන එළියක් වගේ. එතකොට එයා

අඳුර මැද්දේ හෙමින් හෙමින් අර එළිය තියෙන දිසාවට යනවා. එළිය පේන්නෙ නැති එක්කෙනා ගැන කරන්න දෙයක් නෑ. එයා ඔහේ පැටලි පැටලී යයි. එයා කියයි 'ආන් එළියක් තියෙනවාලු. මං මේ තාම හොයනවා' කියලා. ඇයි එයාට එළිය පේන්නේ නෑ. ආන්න ඒ වගේ තමයි අරමුණ අපැහැදිලි කෙනා. අරමුණ අපැහැදිලි කෙනා ඔහේ එක එක පළාතේ යයි.

ප්‍රශ්න මත්තෙ ම හැපි හැපී ඉන්න එපා....

ඒ වගේ තමන්ගේ ජීවිතය තුළ හරි විදිහට, අර්ථ සහිතව බලාපොරොත්තුව ආවොත්, අනිත් දේවල්වලින් වෙන්කරලා දැක්කොත් මේන්න මේක යහපත... මේන් මේක පිළිසරණ... කියලා අනිත් ඒවා ප්‍රශ්න නෙවෙයි. අනිත් ප්‍රශ්න මැද්දේ එයා වැළහීගෙන ඉන්නේ නෑ. ඇයි හේතුව, අනිත් ප්‍රශ්න කරුවලේ තියෙන පොදු දේවල්. අර පිළිසරණේ එයාගේ ඉලක්කය රැඳී තියෙනවා. ආන්න එහෙම තමයි මේ ගමන යන්ට තියෙන්නේ. ඉතින් ඒ විදිහට අනුපිළිවෙළින් හික්මීමක් ඇති, අනුපිළිවෙළින් ක්‍රියාවක් ඇති, අනුපිළිවෙළින් ප්‍රතිපදාවක් ඇති මේ උතුම් බුද්ධ ශාසනයේ අපටත් පිළිසරණක් ගන්ට වාසනාව ලැබේවා..!

සාදු! සාදු!! සාදු!!!

නමෝ තස්ස භගවතෝ අරහතෝ සම්මාසම්බුද්ධස්ස
ඒ භාග්‍යවත් අර්හත් සම්මා සම්බුදුරජාණන් වහන්සේට නමස්කාර වේවා!

02.
සවස් වරුවේ
ධර්ම දේශනය

සැදැහැවත් පින්වත්නි,

අද උදෑසන අපි බොහොම ලස්සන ධර්මයක් ඉගෙන ගත්තා. ඒ තමයි ගණක මොග්ගල්ලාන බ්‍රාහ්මණයා බුදුරජාණන් වහන්සේගෙන් අසාපු ප්‍රශ්නයකට උන්වහන්සේ දී වදාළ පිළිතුර. ඒ පිළිතුරේ ගැබ්වුණා උන්වහන්සේ වදාළ මාර්ගය එකපාරට මනුස්සයෙකුගේ ඔළුවට කඩා වැටෙන එකක් නෙවෙයි. ක්‍රමානුකූල හික්මීමකින්, ක්‍රමානුකූල ක්‍රියාවකින්, ක්‍රමානුකූල ප්‍රතිපදාවකින් සාක්ෂාත් කිරීමක් ය කියලා. ඒ විදිහට ධර්මය සාක්ෂාත් කරද්දී ශ්‍රාවකයා පියවර සතරකින් ඒ ධර්මය සාක්ෂාත් කරනවා. පළවෙනි පියවර තමයි සෝවාන් වීම. දෙවෙනි පියවර තමයි සකදාගාමී වීම. තුන්වෙනි පියවර තමයි අනාගාමී වීම. අවසාන පියවර තමයි රහත් ඵලයට පත්වීම. මේකෙදි අඩුගණනේ කෙනෙකුට පළවෙනි පියවරටවත් එන්ට ලැබුණොත්... ඒ කිව්වේ සෝවාන් ඵලයට පත්වෙන්ට ලැබුණොත් ඒ

කෙනාගේ බරපතල ප්‍රශ්නය ඉවරයි. මොකක්ද ඒ බරපතල ප්‍රශ්නය? සිව්අපායට වැටෙන ස්වභාවය.

මේ සංසාරේ සැරිසරාගෙන යද්දී දැන් ඔන්න මේ ආත්මයේ අපි මනුස්සයෝ වෙලා උපන්නා. මනුස්සයෝ වෙලා උපන්නාට පස්සේ අපිට හිතෙන්නේ අපිට ඕන ඕන හැටියට මේ පැවැත්ම ගෙනියන්ට පුළුවන් කියලයි. මොකද හේතුව, අපිට අවබෝධ වුණේ නෑ මේක අනාත්මයි කියලා. ආත්මයක් වුණා නම් ඒ සිතිවිල්ල හරි. ආත්මයක ලක්ෂණය මොකක්ද? තමාගේ අණාඥාවට නතුවෙලා තිබීම. 'මේක මෙහෙම වෙන්ට එපා. ඔහොම හිටු' කිව්වාම ඒක නවතින්ට ඕනෑ. දැන් ඔන්න අපි වයසට යනවා නොවැ. වයසට යද්දී ඔන්න ඇස් නරක් වේගෙන එනවා. කන් නරක් වේගෙන එනවා. දත් නරක් වේගෙන එනවා. ඇඟේපතේ තියෙන අනිත් ඉන්ද්‍රියයන් නරක් වේගෙන එනවා. එතකොට අපි අණ කරලා කියනවා 'හිටහං ඔහොම නරක් නොවී...' කියලා. එහෙම නරක් නොවී තියාගන්න පුළුවන්ද? බෑ. අපේ අණට මේවා යටත් නෑ.

පංච උපාදානස්කන්ධය ම අනාත්මයි....

එහෙම යටත් නැත්තේ මේ රූපස්කන්ධය විතරක් නෙවෙයි. අපේ ඇඟේ රිදුම් කැක්කුම් එනවා. ඒක කායික වේදනා. උහුලාගන්ට බැරි හිත්වේදනා එනවා. එතකොට අපි ඒ වේදනාවලට කියනවා 'මේ වේදනා... ඔහොම නැවතියං....' කියලා. නවතියිද? නෑ. 'තෝ මගේ හිතට දුක් දෙන්නේ නෑ ඕං...' කියලා වේදනාවට කියන්න පුළුවන්ද? බෑ. රිදුම් කකා හිතට වේදනා දෙනවා. මොකද හේතුව, අනාත්මයි. ඊළඟට එනවා සන්තෝසය. ඒ සන්තෝසයත් සිතේ ඇතිවන එකක්. එතකොට උන්න තැන මතක නෑ හිනා යනවා. 'හා හා... මෙතන හිනා වෙන්ට එපා. ඔහොම

හිටු...' කියලා හිතුවට හිතේ ඒ සන්තෝසය තියෙනවා. ඒට අදාළ හේතු නැතිවුනාම නැතිවෙලා යනවා. 'අපේ මේ ඇස්වලට අපි ආසා කොරන දේවල් විතරක් මුලිච්චි වෙයං. ආසා නැති ඒවා මුලිච්චි වෙන්ට එපා...' කියලා අපිට ඇස්වලට තහංචි දමන්ට පුළුවන්ද? බෑ. 'හිත රිදෙන එකක් මේ කනට අහන්ට ලැබෙන්ට එපා. හිත සන්තෝස කරන ඒවා අහන්ට ලැබියං...' කියලා කනට තහංචි දමන්ට පුළුවන්ද? බෑ. 'අපේ හිත සතුටු වෙන ඒවා විතරක් හිතට වර. සතුටු වෙන්නැති ඒවා එන්ට එපා...' කියලා ලබන්ට පුළුවන්ද? බෑ.

සතර අපායට අපව ඇදගෙන යන දේ....

මේ විදියට ම තමාගේ වසඟයේ පවත්වන්ට බැරි තව විශේෂ දෙයක් තියෙනවා. ඒ තමයි විඤ්ඤාණය. අපි මැරෙනකොට විඤ්ඤාණය චුත වෙනවා. චුතවෙන්ට ඉස්සෙල්ලා විඤ්ඤාණයට අපි අණ කරනවා. 'මේ විඤ්ඤාණය... මාව දිව්‍යලෝකේ ඇන්න පල' කියලා. මේ විදිහට කියපු ගමන් විඤ්ඤාණය ඔබව දිව්‍යලෝකෙට අරගෙන යයිද? නෑ. මොකද හේතුව? ඒ එකක් එකක් ගානේ මේ සෑම දෙයක් ම අනාත්මයි. ඒ අනාත්ම දේ අපව එහාට මෙහාට ඇදගෙන යනවා. අපව නිරයට, තිරිසන් ලෝකෙට, පෙරේත ලෝකෙට, අසුර ලෝකෙට ඇදගෙන යන දෙයක් තියෙනවා. ඒක අපේ ජීවිතවලට කටුවක් වගේ ඇණිලා තියෙනවා. ඒකට කියන්නේ සක්කාය දිට්ඨිය කියලා.

ඔබේ යටිපතුලේ කටුවක් ඇණුනොත් ඒ කටුව තියෙන තාක් ම රිදුම් කනවා නේද? එහෙනම් කවදාහරි සැනසිල්ලේ ඇවිදගන්ට පුළුවන් වෙන්නේ ඒ කටුව ගලවලා අයින් කරපු දවසටයි. අන්න ඒ වගේ සක්කාය

දිට්ඨිය නමැති කටුව ඇනිච්ච අය අපි. ඔය කටුව ගැලවුනා කියන්නේ තුවාලේ සනීප වෙනවා. කටුව ගැලවෙන්නේ සෝවාන් වෙච්ච දවසට. එතකම්ම වැඩේ ලේසි නෑ.

හිස ගිනි ගත්තද එය ද නොසළකා....

සෝවාන් වීම ගැන බුදුරජාණන් වහන්සේ අපට එක එක උපමාවලින් කරුණු පෙන්වා දීලා තියෙනවා. එක් අවස්ථාවක උන්වහන්සේ වදාළා මෙහෙම උපමාවක්. බලන්න මේ උපමාවේ තියෙන බරපතලකම. ඔන්න කෙනෙකුගේ ඇඳි වස්තරේට ගිනි ඇවිලෙනවා. ඇඳි වස්තරේට ගිනි ඇවිලුන ගමන් එයා ඒ ගින්න නිවාගන්ට කලබල වෙනවා. කෙනෙකුගේ හිසට ගිනි ඇවිලුනත් එයා ඉක්මනට ඒ ගින්න නිවාගන්ට කලබල වෙනවා. බුදුරජාණන් වහන්සේ වදාළා ඇඳි වස්තරේට ගිනිඇවිලුනාට පස්සේ ඔහේ ඇවිලුනාවේ. ඒක ගැන කලබල වෙන්ට එපා. සක්කාය දිට්ඨිය නැති කරගන්ට කලබල වෙන්න කියලා. හිසට ගිනි ඇවිලුනාට පස්සේ ඒක ගණන් ගන්න එපා. සක්කාය දිට්ඨිය නැති කරගන්ට කලබල වෙන්න කිව්වා. එතකොට බලන්න සක්කාය දිට්ඨිය නිසා සත්වයාට තියෙන අනතුර මොනතරම් ද කියලා. ඒ නිසයි උන්වහන්සේ මේ වගේ උපමා භාවිතා කළේ ඒ කාරණය පැහැදිලි කරන්න.

බුදුරජාණන් වහන්සේ ඒ වගේ තවත් උපමාවක් වදාළා. "මහණෙනි, කවුරුහරි ඔබ ළඟට ඇවිල්ලා කිව්වොත් මෙහෙම 'පින්වත, ඔබට උදේ වරුවේ හෙල්ල පාරවල් සීයක් අනිනවා. දහවල් වරුවේත් හෙල්ල පාරවල් සීයක් අනිනවා. සවස් වරුවේත් හෙල්ල පාරවල් සීයක් අනිනවා. මේ විදිහට දවසට හෙල්ල පාරවල් තුන්සීය ගානේ අවුරුදු සීයක් යනකං හෙල්ල පාර කාලා හිට, ඒ

අවුරුදු සීය ඇවෑමෙන් සක්කාය දිට්ඨිය නැති වෙනවා, සෝවාන් වෙනවා' කියලා කිව්වොත් කැමති වෙන්න" කිව්වා.

බුදුනුවණට පමණක් විෂය වූ කරුණක්....

එතකොට තේරුම් ගන්න සක්කාය දිට්ඨියෙන් යුක්තව, මාර්ගඵල නොලබා මේ සංසාරේ සැරිසරා යෑම සුළුපටු රාජකාරියක් නෙවෙයි. මේ යන ගමනේ දී සත්වයාට විඳින්ට සිද්ධ වෙන දුක් දොම්නස් සුළුපටු නෑ. බුදුරජාණන් වහන්සේගේ බුදු මුවින් එවැනි උපමාවක් කියවෙන්ට මේ සංසාර ගමන ගැන ලෝකවිදූ වූ අපගේ ශාස්තෘන් වහන්සේට ඇති අවබෝධය ලෝකේ වෙන කාටද තියෙන්නේ? අද හවස් වරුවේ මං ඔබට කියා දෙන්න බලාපොරොත්තු වෙන මේ දේශනාවෙත් ඇතුළත් වෙන්නේ බුදුරජාණන් වහන්සේගේ බුදුනුවණට පමණක් විෂය වූ, වෙනත් කෙනෙකුට විෂය නොවුනු කාරණාවක් ගැනයි. දැන් අපි ඉගෙන ගන්නේ මජ්ඣිම නිකායට අයත් මහා කම්මවිභංග සූත්‍රය.

මේ සූත්‍රයේ තියෙන්නේ මාර්ගඵලලාභීන්ගේ ඉරණමක් ගැන නොවෙයි. අපි වගේ සසර ගමනේ යන අයගේ අන්ධකාර ජීවිතයට වෙන දේ ගැන තමයි මේකේ තියෙන්නේ. ඒ දවස්වල රජගහනුවර වේළුවනයේ අපගේ ශාස්තෘන් වහන්සේ වැඩඉන්දෙද්දී සමිද්ධි කියන ස්වාමීන් වහන්සේ වනාන්තරයක කුටියක වාසය කළා. ඉතින් දවසක් පෝතලීපුත්‍ර කියන පරිබ්‍රාජකයා වනාන්තරේ නිකං ව්‍යායාම පිණිස ඇවිදගෙන යද්දී මේ සමිද්ධි ස්වාමීන් වහන්සේ හිටපු තැනටත් ආවා. දැනුත් මිනිස්සු පාරවල්වල ව්‍යායාම පිණිස ඇවිදගෙන යනවනෙ. ඔය වගේ මේ පෝතලීපුත්‍ර පරිබ්‍රාජකයත් ඇවිදගෙන යද්දී

සමිද්ධි භික්ෂුව මුණගැහුණා. ළඟට ගිහිල්ලා ඇයි හොඳයි කතා කරලා පැත්තකින් වාඩිවුණා.

බේගල් ඇදබාන තාපසයෙක්....

වාඩිවෙලා මේ පෝතලීපුත්‍ර තාපසයා කියනවා "ආයුෂ්මත් සමිද්ධි, මං මේ කතාව ශ්‍රමණ ගෞතමයන්ගෙන් ම යි ඇහුවේ. ශ්‍රමණ ගෞතමයෝ තමයි මට මේක කිව්වේ. **(මෝඝං කායකම්මං)** 'කායකර්මය කිසි වැඩක් නෑ. **(මෝඝං වචීකම්මං)** වචීකර්මයේත් කිසි වැඩක් නෑ. **(මනෝ කම්මමේව සච්චං)** ඇත්තටම තියෙන්නේ මනෝකර්මය විතරයි. ඒ වගේම 'කිසිම විඳීමක් නැති සමාපත්තියකුත් තියෙනවා' කියලා. මේ කවුරු කිව්වා කියලද කියන්නේ? අපගේ ශාස්තෘන් වහන්සේ කිව්වා කියලයි මුන්දැ කියන්නේ. දැන් මේ බේගලයක් ඇද බෑවේ.

එතකොට සමිද්ධි භික්ෂුව කියනවා **(මා ඒවං ආවුසෝ පෝතලීපුත්ත අවච)** "පෝතලීපුත්‍රය, ඔය ජාතියේ කතා කියාගෙන එන්ට එපා. **(මා භගවන්තං අබ්භාචික්ඛි)** භාග්‍යවතුන් වහන්සේට අභූතයෙන් චෝදනා කරන්ට එපා. **(න හි සාධු භගවතෝ අබ්භක්ඛානං)** භාග්‍යවතුන් වහන්සේට අභූතයෙන් චෝදනා කිරීම හොඳ දෙයක් නොවේ. භාග්‍යවතුන් වහන්සේ ඔහොම කතාවක් දේශනා කොරපු බවක් අපි නම් දන්නේ නෑ. 'මේ කාය කර්මයත් හිස්. වචී කර්මයත් හිස්. මනෝ කර්මය විතරයි හැබෑ එක. කිසි වින්දනයක් නැති සමාපත්තියකුත් තියෙනවා' කියලා භාග්‍යවතුන් වහන්සේ ඔහොම කියන්නේ නෑ" කිව්වා.

තාම තුන් අවුරුද්දයි....

එතකොට මේ තවුසා 'හැබෑට ඇවැත්නි, ඔහේ පැවිදි වෙලා කොච්චර කල්ද දැන්?' කියලා ඇහුවා.

'ආයුෂ්මතුනි, වැඩි කාලයක් නෑ. මං පැවිදි වෙලා තාම අවුරුදු තුනයි' කිව්වා. එතකොට පෝතලීපුත්‍ර කියනවා 'මදෑ කොළා... මං හිතුවේ ඔහේ මහ තෙරුන්නාන්සේ කෙනෙක් කියලා. තාම තුන් අවුරුද්දයි නොවැ. ශාස්තෘන් වහන්සේව රකින්ට නොවැ ඔහේ ලෑස්ති. (**සඤ්චේතනිකං ආවුසෝ සමිද්ධි කම්මං කත්වා කායේන වාචාය මනසා, කිං සෝ වේදියති**) හරි ඇවැත්නි, කයෙන් වචනයෙන් මනසින් චේතනා පහළ කරලා කර්මයක් කොළාට පස්සේ ඔහු විඳින්නේ කවර විඳීමක් ද?' කියලා ඇහුවා.

දැන් කාලේ තාපසවරු....

දැන් බලන්න ඒ කාලේ තාපසින්නාන්සේලාත් නිකම් බඩු නෙවෙයි නේද...? දැන් නම් මුළු හිමාලෙම වගේ තාපසවරු ඔක්කොම ගංජා ගගහා ඉන්නේ. මට මතකයි ඉස්සර කුම්භමේලා කියලා උත්සවයක් තියෙන කාලේ මං උජ්ජේන්වල ගියා. මං දැක්කා ට්‍රැක්ටර් ගොඩක් යනවා. ඒවායේ සුළැඟිල්ල විතර මහත පොඩි පොඩි බම්බු පුරවලා. මං ඇහුවා තාපසයෙක්ගෙන් මොනවද මේ පුංචි බම්බු කෑලි කියලා. මේ ඔක්කෝම ගංජා බොන්ට කිව්වා. ආණ්ඩුවෙන් බෙදනවා කිව්වා මුන්දෑලාට. ට්‍රැක්ටර් ගානක පුංචි ගංජා පයිප්ප බෙදන්න නම් තාපසවරු කොච්චර ඇද්ද එහෙනම්...!

එතකොට මේ පෝතලීපුත්‍ර කියන තාපසින්නාන්සේ අහපු ප්‍රශ්නේ බලන්ට. හා... එහෙනම් කියන්ට කිව්වා චේතනා පහල කරලා සිතෙන් කයෙන් වචනයෙන් යම් කර්මයක් කළොත් මොන විදිහේ විඳීමක් ද විඳින්නේ කියලා. එතකොට සමිද්ධි භික්ෂුව කියනවා 'ඇවැත් පෝතලීපුත්‍රය, චේතනා පහළ කරලා කයින් වචනයෙන් මනසින් යම් කර්මයක් කළාට පස්සේ එයා විඳින්නේ

දුකයි' කිව්වා. එතකොට මේ තාපසින්නාන්සේ ඒ පිළිතුර පිළිගත්තෙත් නෑ. ප්‍රතික්ෂේප කළෙත් නෑ. නිශ්ශබ්දව ම නැගිටලා යන්ට ගියා.

වෙච්ච ඇබැද්දිය ගිහින් කිව්වා....

ඊට පස්සේ මේ සමිද්ධි භික්ෂුවට මං දීපු උත්තරේ වැරදුනා වත්ද මන්දා කියලා දැන් ඔන්න සැකයක් ආවා. ඇවිදින් ආනන්දයන් වහන්සේව බැහැදකින්ට ගියා. ගිහින් අපේ ආනන්දයන් වහන්සේ සමග සතුටු සාමීචි කතා කරලා කිව්වා 'අනේ ආනන්දයන් වහන්ස, අද මට හරි ඇබැද්දියක් වුණා නොවැ. මං වනාන්තරේ කුටියේ ඉන්දැද්දී ආන් අර පෝතලීපුත්‍ර කියන තාපසයා මට මුණගැහුණා. මුණගැහිලා භාග්‍යවතුන් වහන්සේ මෙන්න මෙහෙම කතාවක් කිව්වාය කියලා කිව්වා. 'කායකර්මත් හිස්, වචීකර්මත් හිස්, හැබෑවට තියෙන්නේ මනෝ කර්ම විතරයි. සමාපත්තියක් තියෙනවා, ඒකට සමවැදුනාම මුකුත් වින්දනයක් නැතේ'යි කිව්වා. ඉතින් මං උන්දෑට තරවටු කළා ඔහොම කියන්ට එපාය කියලා. එතකොට මගෙන් ඇහුවා 'හා එහෙනම් කියන්ට බලන්ට චේතනා පහළ කරලා සිත, කය, වචනයෙන් කර්මයක් කළාම විඳීම් කීයක් විඳිනවාද?' කියලා. එතකොට මං කිව්වා 'චේතනා පහළ කරලා සිත, කය, වචනයෙන් කර්මයක් කළාම විඳින්නේ දුකයි' කියලා. එතකොට එයා නිශ්ශබ්දව ම නැගිටලා ගියා' කියලා කිව්වා.

එහෙම කෙනෙක් මං දැකලාවත් නෑ....

එතකොට ආනන්දයන් වහන්සේ සමිද්ධිට කියනවා 'ආයුෂ්මත් සමිද්ධි, අපි භාග්‍යවතුන් වහන්සේ බැහැදකින්ට යං. මේ වෙච්ච සිද්ධිය හොඳ කාරණයක්.

අපි භාග්‍යවතුන් වහන්සේට මේක දැනුම් දෙමු' කියලා ආනන්දයන් වහන්සේයි සමිද්ධි භික්ෂුවයි බුදුරජාණන් වහන්සේ බැහැදකින්ට ගියා. බැහැදැකලා වන්දනා කරලා එකත්පස්ව වාඩිවුණා. වාඩිවෙලා මේ සමිද්ධි භික්ෂුව අර පෝතලීපුත්‍ර කියන තාපසයත් එක්ක සිදුවෙච්ච කතාබහ ඔක්කොම බුදුරජාණන් වහන්සේට කිව්වා. දැන් මේ කිව්වේ කේලමක් ද? නෑ. ඒවා කියන්නේ කව්ද? අපි නොවැ. 'ආන් අසවලා අරහෙම කිව්වා. ගිහින් දෙකක් කියහං...' කියලා අපි එහෙම කියන්නේ නැද්ද? කියනවා.

මෙතන බුදුරජාණන් වහන්සේට ගිහිල්ලා කියනවා 'භාග්‍යවතුන් වහන්ස, මං මෙහෙම වනාන්තරේ කුටියේ ඉන්නැද්දී අර පෝතලීපුත්‍ර තාපසයා ආවා. ඇවිදින් මෙහෙම දෙයක් කිව්වා' කියලා. ඒක කේලමක් නෙවෙයි. දහම් කරුණක් අසාගන්ටයි මේක කිව්වේ. එතකොට බුදුරජාණන් වහන්සේ ආනන්දයන් වහන්සේට කියනවා "ආනන්ද, ඔය පෝතලීපුත්‍ර කියන එක්කෙනා මං දැකලවත් නෑ. (**කුතෝ පනේවරූපං කථාසල්ලාපං**) මෙහෙම කතා සල්ලාපයක් කොහොම වෙන්ට ද?" කියලා.

දෙනම ම මෝඩයි....

එහෙනම් බුදුරජාණන් වහන්සේ නොවදාළ දේ වදාළා කියලා කියකිය ගියපු අය ඒ කාලේ ඉඳලා තියෙනවා. ඊළඟට වදාරනවා "ඒ වගේම ආනන්ද, පෝතලීපුත්‍ර තාපසයාට බෙදලා වෙන්කරලයි මේ උත්තරේ දෙන්ට තිබුණේ. ඒත් මේ සමිද්ධි මෝඝපුරුෂයා ඒකට ඒකපාක්ෂික උත්තරයකුයි දීලා තියෙන්නේ." එතකොට එතන හිටියා උදායි කියලා තවත් භික්ෂුවක්. උදායි භික්ෂුව කියනවා 'නෑ භාග්‍යවතුන් වහන්ස, මේ සමිද්ධි කියන්ට ඇත්තේ ගැඹුරෙන් වෙන්ට ඇති. විඳින හැම දෙයක් ම

දුකයි කියලා වෙන්ට ඇති' කියලා. එතකොට බුදුරජාණන් වහන්සේ වදාළා 'ආනන්දය, මේ උන්නාන්සේ ඔළුව උස්සනකොට ම මං දැනගත්තා මේ වගේ හිස් කතාවක් දොඩන්ටයි යන්නේ' කියලා කිව්වා.

බෙදා වෙන්කොට විසඳිය යුතු ප්‍රශ්නයක්....

"ආනන්දය, පෝතලීපුත්‍ර තාපසයා මුලින් ම ත්‍රිවිධ වේදනාව ගැන විමසුවා නොවැ. ඒ නිසා ඔය ප්‍රශ්නෙට එහෙම නෙමෙයි, මෙහෙමයි උත්තරේ දෙන්ට තිබුණේ. **(සඤ්චේතනිකං ආවුසෝ පෝතලීපුත්ත කම්මං කත්වා කායේන වාචාය මනසා සුඛවේදනීයං)** 'ඇවැත් පෝතලීපුත්‍රය, චේතනා පහළ කොට කයෙන් වචනයෙන් මනසින් සැප වේදනාව ඇති වෙන කර්මයක් නම් කළේ **(සුඛං සෝ වේදියති)** ඔහු විඳින්නේ සැප විඳීමයි. සිත කය වචනය කියන තුන් දොරින් දුක් වේදනා උපදින කර්මයක් නම් කළේ, ඔහු විඳින්නේ දුක් විඳීමයි. සිත කය වචනය කියන තුන් දොරින් දුක්සැප රහිත විඳීමක් උපදින කර්මයක් නම් කළේ, ඔහු විඳින්නේ උපේක්ෂා සහගත විඳීමක්. ආනන්ද, ඒ ප්‍රශ්නෙට මේ විදිහට උත්තරේ දුන්නා නම් හරියට ම හරි" කිව්වා.

තථාගතයන්ගේ මහා කර්ම විභාගය....

(අපිචානන්ද කේ ච අඤ්ඤතිත්ථියා පරිබ්බාජකා බාලා අව්‍යත්තා) ආනන්දය, කොහොමත් ඔය අන්‍යතීර්ථක පරිබ්‍රාජකයෝ අඥානයි. ඒගොල්ලන්ට මොළේ නෑ. **(කේ ච තථාගතස්ස මහාකම්මවිභංගං ජානිස්සන්ති)** තථාගතයන්ගේ මහා කර්ම විභාගය ගැන ඒ අය කොහොම දැනගන්ට ද?" මේක හරි ලස්සන දේශනයක් පින්වත්නි.... ඔබ අහලා තියෙනවනෙ කතාවක් සඳුන්

අරටුවකට ගහන්න ගහන්න සුවඳ විහිදෙනවා කියලා. ඒ වගේ පෝතලීපුත්‍ර තාපසයා කියපු අර කට කැඩිච්ච කථාව නිසා තමයි අපගේ ශාස්තෘන් වහන්සේගේ මේ මහා කම්මවිභංග ඤාණය ගැන කියවෙන විස්තරේ මතුවුනේ.

බුදුරජාණන් වහන්සේ අහනවා **(සචේ තුම්හේ ආනන්ද සුණෙය්‍යාථ තථාගතස්ස මහාකම්මවිභංගං විභජන්තස්සාති)** "ආනන්දය, තථාගතයන්ගේ කර්මය පිළිබඳ මහා විග්‍රහය අහන්ට සතුටු ද?" කියලා. බලන්න මේ කාරණය මතුවෙච්ච විදිහ. එතකොට ආනන්දයන් වහන්සේ කියනවා **(ඒතස්ස භගවා කාලෝ)** භාග්‍යවතුන් වහන්ස, මේ එයට කාලයයි. **(ඒතස්ස සුගත කාලෝ)** සුගතයන් වහන්ස, මේ එයට කාලයයි. **(යං භගවා මහා කම්මවිභංගං විභජෙය්‍ය භගවතෝ සුත්වා භික්ඛූ ධාරෙස්සන්ති)** භාග්‍යවතුන් වහන්සේ කර්මය පිළිබඳ මහා විග්‍රහය වදාරණ සේක් නම්, අපේ මේ භික්ෂු සංඝයා ඒක අහලා මතක තබා ගනීවි" කියනවා.

සසර සරනා ලෝසතුන්ගේ ඉරණම....

"එහෙනම් ආනන්ද, හොඳට අහගෙන ඉන්ට. මෙනෙහි කරන්ට, කියන්නම්" කිව්වා. ඔන්න බුදුරජාණන් වහන්සේ වදාරනවා මහා කම්ම විභංගය පිළිබඳව දේශනාව. කර්මය පිළිබඳ මේ අද්භූත විග්‍රහය මේ දේශනාවේ විතරයි මේ විදිහට තියෙන්නේ. හැබැයි මේකෙන් විස්තර වෙන්නේ මේ සසර සැරිසරා යන අයගේ ජීවිතවල තියෙන විස්තර කරන්ට බැරි ඉරණම. සාමාන්‍ය ලෝකෙට අහුවෙන්නේ ඒකේ එක කොටසයි. බුදුරජාණන් වහන්සේට විතරයි ඒක සර්ව සම්පූර්ණයෙන් අහුවුණේ.

බුදුරජාණන් වහන්සේ දේශනා කරනවා

(චත්තාරෝ මේ ආනන්ද පුග්ගලා සන්තෝ සංවිජ්ජමානා ලෝකස්මිං) "ආනන්දය, මේ ලෝකයේ පුද්ගලයෝ සතර දෙනෙක් දකින්ට ලැබෙනවා. **(ඉධානන්ද ඒකච්චෝ පුග්ගලෝ ඉධ පාණාතිපාතී හෝති)** ආනන්දය, එක්තරා පුද්ගලයෙක් ඉන්නවා. එයා සතුන් මරණවා. **(අදින්නාදායී හෝති)** හොරකනුත් කරනවා. **(කාමේසුමිච්ඡාචාරී හෝති)** වැරදි කාම සේවනයත් කරනවා. **(මුසාවාදී හෝති)** බොරුත් කියනවා. **(පිසුනාවාචෝ හෝති)** කේළමුත් කියනවා. **(ඵරුසාවාචෝ හෝති)** පරුෂ වචනත් කියනවා. **(සම්ඵප්පලාපී හෝති)** හිස් වචනත් කියනවා. **(අභිජ්ඣාලූ හෝති)** අන්සතු දෙයට ආශා කරනවා. **(ව්‍යාපන්නචිත්තෝ හෝති)** තරහ සිතින් ඉන්නවා. **(මිච්ඡාදිට්ඨී හෝති)** මිසදිටුවෙන් ඉන්නවා. ඒ කියන්නේ ඒ පුද්ගලයා දස අකුසලයෙන් ම යුක්තයි. **(සෝ කායස්ස භේදා පරම්මරණා)** මේ පුග්ගලයා මරණින් මත්තේ **(අපායං දුග්ගතිං විනිපාතං නිරයං උපපජ්ජති)** ගිහින් නිරයේ උපදිනවා." ඔන්න පළමුවෙනි එක්කෙනා.

දස අකුසල් කොට සුගතියේ යන කෙනෙකුත් ඉන්නවා....

ඊළඟට බුදුරජාණන් වහන්සේ දෙවන පුද්ගලයා ගැන විස්තර කරනවා. "ආනන්ද, තවත් පුද්ගලයෙක් ඉන්නවා. ඔහුත් සතුන් මරනවා. සොරකම් කරනවා. වල්කමේ යනවා. බොරු කියනවා. කේළාම් කියනවා. ඵරුෂ වචන කියනවා. හිස් වචන කියනවා. අනුන් සතු දේට ආසා කරගෙන ඉන්නවා. තරහ සිතෙන් ඉන්නවා. මිසදිටුයි. **(සෝ කායස්ස භේදා පරම්මරණා)** නමුත් ඔහු මැරුණට පස්සේ **(සුගතිං සග්ගං ලෝකං උපපජ්ජති)** සුගතියේ දෙවියන් අතරේ උපදිනවා.

(ඉධානන්ද ඒකච්චෝ පුග්ගලෝ) ආනන්දය, තව පුද්ගලයෙක් ඉන්නවා. **(පාණාතිපාතා පටිවිරතෝ හෝති)** එයා සතුන් මැරීමෙන් වැළකුණු කෙනෙක්. **(අදින්නාදානා පටිවිරතෝ හෝති)** සොරකමින් වැළකුණු කෙනෙක්. **(කාමේසු මිච්ඡාචාරා පටිවිරතෝ හෝති)** වල්කමින් වැළකුණු කෙනෙක්. **(මුසාවාදා පටිවිරතෝ හෝති)** බොරු කීමෙන් වැළකුණු කෙනෙක්. **(පිසුනාවාචා පටිවිරතෝ හෝති)** කේළාම් කීමෙන් වැළකුණු කෙනෙක්. **(ඵරුසාවාචා පටිවිරතෝ හෝති)** පරුෂ වචනයෙන් වැළකුණු කෙනෙක්. **(සම්ඵප්පලාපා පටිවිරතෝ හෝති)** හිස් වචනයෙන් වැළකිච්ච කෙනෙක්. **(අනභිජ්ඣාලූ හෝති)** අනුන්ගේ දේවල් තමා සතු කරගන්ට ආසා නොකරන කෙනෙක්. **(අව්‍යාපන්නචිත්තෝ හෝති)** තරහ සිතක් නැති කෙනෙක්. **(සම්මාදිට්ඨී හෝති)** සම්මාදිට්ඨියෙන් යුක්ත කෙනෙක්. දැන් මේ කිව්වේ මොනවද? දස කුසල්. මේ දස කුසල්වලින් යුක්ත කෙනා **(සෝ කායස්ස භේදා පරම්මරණා සුගතිං සග්ගං ලෝකං උපපජ්ජති)** මැරුණට පස්සේ දෙවියන් අතරේ උපදිනවා.

දස කුසල් කරලා අපායේ යන කෙනෙකුත් ඉන්නවා....

මෙන්න සිව්වැනි පුද්ගලයා. ඒ කෙනත් සතුන් මැරීමෙන් වැළකුණු, සොරකමින් වැළකුණු, වැරදි කාම සේවනයෙන් වැළකුණු, බොරු කීමෙන් වැළකුණු, කේලමින් වැළකුණු, පරුෂ වචනයෙන් වැළකුණු, හිස් වචනයෙන් වැළකුණු, අනුන්ගේ දේට ආසා නොකරන, තරහ සිත් නැති, සම්මා දිට්ඨියෙන් යුක්ත කෙනෙක්. **(සෝ කායස්ස භේදා පරම්මරණා අපායං දුග්ගතිං විනිපාතං නිරයං උපපජ්ජති)** හැබැයි එයා මැරුණට පස්සේ

උපදින්නේ නිරයේ. දැක්කද පෘථග්ජන කෙනාට තියෙන අනතුර? කොහේ යාවිද කියලා දන්නේ නෑ.

පුහුදුන් බවේ අනතුර....

මං දැක්කා පොතක එක සිද්ධියක් සඳහන් වෙනවා. අනුරාධපුර පැත්තේ එක උපාසකයෙක් තිස් අවුරුද්දක් සිල් සමාදන් වෙලා එක පිම්මේ සමථ විදර්ශනා වඩන්ට ඔට්ටුවෙලා. ඒත් චිත්තසමාධිමාත්‍රයක් ඇතිකරගන්ට බැරි වෙලා. විදර්ශනාවත් වටහාගන්ට බැරි වෙලා. මොකද වුණේ, මේ කෙනා සම්පූර්ණයෙන් ම හිත අපහදවා ගත්තා. 'අනේ බුදුරජාණන් වහන්සේගේ ධර්මය කිසි වැඩක් නෑ. ඒක හිස් දෙයක්. ඒක ප්‍රතිඵල නැති දෙයක්' කියලා ධර්මයට බණින්ට ගත්තා. මැරුණා. මැරිලා මහා භූත කිඹුල් තඩියෙක් වෙලා මහවැලි ගඟේ උපන්නා.

ඉපදිලා නකුල රටෙන් යද්දී (නකුල රට කියන්නේ දැන් ඔය සෝමාවතිය තියෙන භූමිය) ගැලක හිටපු හරක් ටික ඔක්කොම ගිලලා ඒ භූත කිඹුලා. එතකොට බලන්න මේ උපාසක ඔට්ටුවෙලා ඔට්ටුවෙලා අන්තිමට මොකද කළේ? අතහැරියා. අතහැරියේ හිත අපහදවාගෙන. ඔය වගේ අය කොච්චර ඉන්නවාද වර්තමානයෙත්. මේ ධර්මය ඉගෙන ගන්නවා. මේ බණිනවා. අනේ වැඩක් නෑ කියනවා. අපිත් ගියා, අපිත් ඉගෙන ගත්තා, කිසි වැඩක් නෑ ඕකෙන් කියනවා. හිත පහදවා ගන්න එක හරියට නොවුණොත් පෘථග්ජන කෙනාට තියෙන අනතුර නම් සුළුපටු නෑ.

බුදු නෙතින් දුටු පුද්ගල ස්වභාවයන්....

ඉතින් දැන් ඔන්න බුදුරජාණන් වහන්සේ මේ ලෝකයේ දකින්ට ලැබෙන පුද්ගලයෝ හතර දෙනෙක්

ගැන වදාළා. මේ දේශනාවේ ඉතුරු ටික තේරුම් ගන්න නම් මේ පුද්ගලයෝ හතරදෙනා ගැන ඉස්සෙල්ලා හොඳට මතක තියාගන්ට ඕනෙ. එතන දසඅකුසලයෙන් යුතු පුද්ගලයෝ දෙන්නෙක් ඉන්නවා. ඒ දෙන්නාගෙන් එක්කෙනෙක් මරණින් මත්තේ නිරයේ යනවා. අනිත් කෙනා දෙව්ලොව යනවා. දස කුසල් කරන පුද්ගලයෝ දෙන්නෙක් ඉන්නවා. ඒ දෙන්නාගෙන් එක්කෙනෙක් මරණින් මත්තේ දෙවියන් අතරට යනවා. අනිත් කෙනා නිරයේ යනවා.

උන්වහන්සේ මේවා දැක්කේ බුදු ඇසින්. අපිට මිනිස්සු ගැන හරි විදිහට විනිශ්චයක් කරන්ට හැකියාවක් නෑ. බුදුරජාණන් වහන්සේ වදාළ කර්ම විභාගය තුළ අපට යම්කිසි ප්‍රමාණයකට අසවලා මෙහෙම වෙන්ට ඇති, අසවලා මෙහෙම වෙන්ට ඇති කියලා අනුමාන වශයෙන් කියන්ට පුළුවන්. හැබැයි ඊට හාත්පසින් වෙනස් දෙයක් සිද්ධ වෙලා තියෙන්ට පුළුවනි. සෝවාන් වුණොත් භය වෙන්ට දෙයක් නෑ. බුදුරජාණන් වහන්සේගේ ධර්මය කෙරෙහි හොඳට හිත පහදවාගෙන ඒ පහන් සිත පැවත්වුවොත් භය වෙන්ට දෙයක් නෑ. මායංකාරයන්ට නම් වැඩේ ගැස්සෙනවා. ඇයි, පහන් සිතක් තියෙනවා වගේ පෙන්නනවා එහෙම පහන් සිතක් නැතුව. එතකොට වැඩේ ගැස්සෙනවා.

දිවැස්ලාභී තාපසයා....

ඊළඟට බුදුරජාණන් වහන්සේ වදාළා "ආනන්දය, මේ ලෝකයේ ඇතැම් ශ්‍රමණබ්‍රාහ්මණයන් බොහොම වීරිය කරලා චිත්ත සමාධියක් ඇති කරගන්නවා. ඒ සමාධිමත් සිතින් චුත වෙච්ච මනුස්සයන්ව දකින්න පුළුවන්

දිව්‍යැසකුත් උපද්දවනවා. ඒ දිව්‍යැස්ලාභී තාපසයා දන්නවා එක්තරා මනුස්සයෙක් ගැන. ඒ මනුස්සයා අර කියාපු චරිත හතරෙන් පළවෙනි එකටයි අයිති. ඒ කියන්නේ දස අකුසල් කරන එක්කෙනෙක්. ඔන්න ඒ තාපසින්නාන්සේට ආරංචි වෙනවා ඒ දසඅකුසල් කර කර හිටපු එක්කෙනා මළාය කියලා. ආරංචි වුනාම ඒ තාපසයා දිව්‍යැසින් බලනවා 'අසවලා මළා. කොහෙදෑ මේකා උපන්නේ?' කියලා. බලද්දී තාපසින්නාන්සේ දකිනවා එයා නිරයේ ඉපදිලා ඉන්නවා. දැකලා ඒ තාපසින්නාන්සේ තමන්ගේ බණ පදය මෙහෙම කියන් යනවා.

'පින්වත්නි, පව් කියලා දෙයක් තියෙනවා. ඒවායේ විපාකත් තියෙනවා. මං දැක්කා නිරයේ උපන්න මනුස්සයෙක්. ඒකා මනුස්ස ලෝකේ ඉන්නැද්දී සතුන් මැරුවා. හොරකම් කොළා. වැරදි කාම සේවනයේ යෙදුනා. බොරු කිව්වා. කේලාම් කිව්වා. පරුෂ වචන කිව්වා. හිස් වචන කිව්වා. අභිධ්‍යාවෙන් යුක්ත වුනා. තරහෙන් යුක්තව හිටියා. මිසදිට්ඨුවෙන් හිටියා. ආන්න ඒකා මැරිලා නිරයේ ඉපදිලා ඉන්නවා මං දැක්කා' කියනවා.

මෙය ම යි සත්‍යය.... අනිත් ඒවා බොරු....

ඊට පස්සේ මෙහෙමත් කියනවා. 'ඒ නිසා පින්වත්නි, යම් කිසි කෙනෙක් දස අකුසලයෙන් යුක්තව හිටියොත් ඒ සියලු දෙනා මැරුණට පස්සේ අපාගත වෙනවා. යම් කෙනෙක් මේ විදිහට දන්නවා නම් එයාගේ ඒ දැනීම හරි. යම් කෙනෙක් මීට වඩා වෙනස් විදිහකට දන්නවා නම්, එයාගේ දැනීම මිථ්‍යාවක්' කියලා. මේ විදිහට එයා තමන් දන්න දේ ම, තමන් දැකපු දේ ම, තමන් තේරුම් ගත්ත දේ ම (ථාමසා පරාමස්ස අභිනිවිස්ස වෝහරති) දැඩි ලෙස

ග්‍රහණය කරගෙන, ඒ තුළ ම බැසගෙන (**ඉධමේව සච්චං මෝඝමඤ්ඤන්ති**) මේක ම යි සත්‍යය. අනිත් ඒවා බොරු කියලා කියනවා.

ඊළඟට බුදුරජාණන් වහන්සේ වදාළා "ආනන්දය, තව තාපසයෙක් ඉන්නවා. මේ තාපසයත් වීරිය කරලා සමාධියක් උපද්දවනවා. ඊට පස්සේ දිවැසත් උපද්දවා ගන්නවා. ඔන්න ඒ තාපසයාගේ ගමෙත් හිටියා දසඅකුසල් කරන මනුස්සයෙක්. මේ තාපසයට ආරංචි වෙනවා ඒකා මළා කියලා. තාපසයා අහලා තිබුණේ දසඅකුසල් කරන අය නිරයේ යනවා කියලයි. දිව්‍ය ඥානයෙන් බැලින්නම් මේකා නිරයේ නෑ. දිව්‍යරාජයෙක් වෙලා ඉන්නවා දකිනවා.

අත්දැකීම වැරදුනොත් බරපතලයි....

ඊට පස්සේ ඒ තාපසයා බණට කියනවා 'පින්වත්නි, පව් කියලා දෙයක් නැත්තේය. ඒවායේ විපාක ද නැත්තේය' කියලා. මේ බලන්න වැරදෙන තැන්. පොතේ වරදින එක නෙමෙයි බරපතල එක. අත්දැකීම වරදින එක. අපට තියෙනවා දැනුම් දෙකක්. එකක් තමයි තව කෙනෙකුගෙන් අසා හෝ පොතකින් ගන්න දැනුම. ඒක එක දැනුමක්. දෙවෙනි එක තමන්ම උපදවා ගත්තු දේකින් අත්දැකලා ගන්නවා. මේකෙන් බරපතල විදිහට හිතට වදින්නේ අත්දැකීම ද, ඇසූ එක ද? අත්දැකීම. මෙතනත් ඒ අත්දැකීමයි වැරදුනේ.

ඊළඟට ඒ තාපසයා කියනවා 'පින්වත්නි, පාප කර්ම කියලා එකක් නෑ. ඒවායේ විපාක නෑ. මේ ගමේ හිටියා දසඅකුසල් කරන එකෙක්. මං මගේ දිව්‍ය ඤාණයෙන් බැලුවා ඒකා මළාට පස්සේ කොහෙදෑ උපන්නේ කියලා. බැලින්නම් ඒකා දැන් දිව්‍යරාජයෙක් වෙලා ඉන්නවා'

කියනවා. ඊට පස්සේ කියනවා 'ඒ නිසා යමෙක් සතුන් මරයි නම්, හොරකම් කරයි නම්, වැරදි කාමසේවනයේ යෙදෙයි නම්, බොරු කියයි නම්, කේලාම් කියයි නම්, පරුෂ වචන කියයි නම්, හිස් වචන කියයි නම්, අනුන් සතු දේට ආසා කරයි නම්, ද්වේෂයෙන් ඉඳියි නම්, මිසදිටුව සිටියි නම් ඒ සියලු දෙනා දිව්‍ය ලෝකයේ උපදිනවා. යම් කෙනෙක් මේ විදිහට දන්නවා නම් එයාගේ ඒ දැනීම හරි. කවුරුහරි ඔයිට වෙනස් එකක් කිව්වොත් ඒක වැරදියි' කියලා. මේ විදිහට එයා තමන් දන්න දේ ම, තමන් දැකපු දේ ම, තමන් තේරුම් ගත්ත දේ ම දැඩි ලෙස ග්‍රහණය කරගෙන, ඒ තුළ ම බැසගෙන මේකයි ඇත්ත. අනික්වා බොරු' කියලා කියනවා.

බුද්ධ විෂයක් වෙන කෙනෙකුට විෂය වෙන්නේ නෑ....

බලන්ට එතකොට මනුස්සයන්ට තමන් උපද්දවා ගන්න ඤාණය ම හරහට හිටින හැටි. මේ වගේ මිසදිටු ගත්ත අමනුස්සයොත් ඉන්නවා. දන් දක්කද, බුදු කෙනෙකුගේ විෂයක් ලෝකේ වෙන කිසි කෙනෙකුට විස්තර කරන්ට බෑ. අපි කියමු තාපසයෙක් නෙවෙයි මේක අද කාලේ බෞද්ධයෙකුට වෙන්ට බැරිද? එක්කෝ භික්ෂුවක්, එහෙම නැත්නම් උපාසකයෙක්, එහෙම නැත්නම් උපාසිකාවක් භාවනා කරලා සමාධියක් උපද්දවනවා. සමාධියක් උපද්දවාගෙන මෙයාටත් අපි කියමු චුතූපපාත ඤාණය පහල වුණා කියලා. ඔය ගමෙත් ඉන්නවා මදාවියෙක්. ඒකා මළා. ඊට පස්සේ අනිත් ආච්චිලා ගිහින් කියනවා අර උපාසිකාවට 'ආච්චියේ, බලාපං අර උන්දෑ කොහෙදෑ උපන්නේ කියලා.' බැලුවාම දිව්‍යරාජයෙක් වෙලා. එයා

මේ සූත්‍ර දේශනාව අහලා නැත්නම් මේ ඔක්කොම බොරු කියලා හෙළා දකින්නේ නැද්ද? හෙළා දකිනවා. එහෙනම් අත්දැකීමෙන් වරදින එක සෑහෙන්න බරපතලයි.

තුන්වෙනි පුද්ගලයා ගැනත් දකිනවා....

ඊළඟට බුදුරජාණන් වහන්සේ වදාළා "ආනන්දය, තවත් තාපසයෙක් ඉන්නවා. මේ තාපසයා, එක්කෝ මේ ශ්‍රමණයා, එක්කෝ මේ බ්‍රාහ්මණයා බොහොම වීරිය කරලා, වෙහෙස මහන්සි වෙලා සමාධියක් උපද්දවනවා. ඒ සමාධියෙන් දිවැසත් (චුතූපපාත ඤාණය) උපදවා ගන්නවා. එතකොට කෙනෙක් ඇවිල්ලා කියනවා 'අනේ තාපසින්නාන්ස, (නැත්නම්) අනේ උපාසක මහත්තයෝ, මේක පොඩ්ඩක් බලාපං. අසවල් කෙනා හරි හොඳට වාසය කළා. සතුන් මැරීමෙන් වැළකිලා, හොරකමින් වැළකිලා, වැරදි කාමසේවනයෙන් වැළකිලා වාසය කළා. ඒ වගේ ම බොරු කියාපු නැති කෙනෙක්. කේලමක් ගෑවිලාවත් නෑ. පරුෂ වචනයක් කියලා නෑ. හිස් වචන කියලා නෑ. අනුන්ගේ දේවල් ගැන ලෝභකමක් නෑ. තරහ සිතක් නෑ. සම්මා දිට්ඨියෙන් යුක්තව හිටියා. අනේ බලාපං උන්දෑ කොහෙදෑ ගියේ කියලා."

කුසල් කරන කෙනාගේ පරලොව ජීවිතය....

ඉතින් බලද්දී දකිනවා (**කායස්ස භේදා පරම්මරණා පස්සති සුගතිං සග්ගං ලෝකං උපපන්නං**) දෙවියන් අතරේ ඒ කෙනා ඉපදිලා ඉන්නවා. ඉතින් කියනවා 'අනේ උන්දෑට හොඳයි. උන්දෑ ගොහින් ඉන්නේ දිව්‍ය ලෝකේ. ආන් දෙවඟනක්' කියලා. ඊට පස්සේ බණට කියනවා (**අත්ථි කිර භෝ කල්‍යාණි කම්මානි**) 'පින්වත්නි, පින් කියලා දෙයක් තියෙනවා. (**අත්ථි සුචරිතස්ස විපාකෝ**)

සුචරිතයේ විපාක තියෙනවා. මං දැක්කා දස කුසල් කරකර හිටපු කෙනෙක් දිව්‍යරාජයෙක් වෙලා, (එහෙම නැත්නම්) දිව්‍ය අප්සරාවක් වෙලා දිව්‍යලෝකේ ඉපදිලා ඉන්නවා. ඒ නිසා යම් කෙනෙක් දස කුසල් කරනවා නම් ඒ සියලු දෙනා ම දෙවියන් අතරේ උපදිනවා. කවුරුහරි ඔය විදිහට කිව්වොත් ඒක හරි. ඒක එහෙම ම යි. වෙනත් විදිහකට කිව්වොත් ඒක වැරදියි. මං මේක නිකං නෙවේ කියන්නේ. මං මේක දැක්කා. මං මේක දැනගත්තා. මං මේක ප්‍රත්‍යක්ෂ කොරලයි මේ කියන්නේ කියලා ඒකම දැඩිව අරගෙන (**ඉධමේව සච්චං මෝඝමඤ්ඤං**) මේක ම යි ඇත්ත. අනිත් ඒවා බොරු' කියලා කියනවා.

මිනිස්සු දෘෂ්ටි ගන්න හැටි....

"ආනන්දය, තව එක්කෙනෙක් වීරිය කරලා සමාධියක් උපද්දවලා දිවැසක් හදාගන්නවා. චුතූපපාත ඥාණයක් උපද්දවා ගන්නවා. එයා ළඟට කෙනෙක් ඇවිදින් කියනවා 'අනේ තාපසින්නාන්ස, දසකුසල් කරකර හිටපු එක්කෙනෙක් මැරුණා. මැරුණට පස්සේ උන්දෑ කොහෙදෑ ගියේ කියලා බලාපං' කියනවා. මුන්දෑ දිවැසින් බැලුවාම මොකක්ද පෙනුනේ? දස කුසල් කරකර, පින්කම් කොරකොර හිටපු කෙනා නිරයේ ගිහිල්ලා ඉන්නවා දකිනවා. ඉතින් ඇවිල්ලා කියනවා 'පින්වත්නි, පින් කියලා දෙයක් නෑ. මං දැක්කා දසකුසල් කරකර හිටපු එකෙක්. දැන් ඕන්න ඉන්නවා නිරයේ ඉපදිලා.

ඒ නිසා කවුරුහරි සතුන් මැරීමෙන් වැළකිලා, හොරකමින් වැළකිලා, වැරදි කාමසේවනයෙන් වැළකිලා, බොරු කීමෙන් වැළකිලා, කේලාම් කීමෙන් වැළකිලා, පරුෂ වචන කීමෙන් වැළකිලා, හිස් වචන කීමෙන්

වැළකිලා, අනුන්ගේ දේවල් ගැන ලෝභකමක් නැතුව, තරහ සිතක් නැතුව, සම්මා දිට්ඨියෙන් යුක්තව ඉන්නවා නම් ඒ සියලු දෙනා මැරුණට පස්සේ නිරයේ යනවා. කව්රුහරි ඔය විදිහට කිව්වොත් ඒක හරි. අනිත් ඒවා වැරදියි. මේ විදිහට මෙයා තමන්ගේ අත්දැකීම දැඩි විදිහට අල්ලගෙන, ඒ තුළට බැසගෙන 'මේක ම යි හරි. අනික්වා බොරු' කියලා කියාගෙන යනවා.

බුදුරජාණන් වහන්සේගේ විග්‍රහය....

බලන්න පින්වත්නි, මනුෂ්‍යයාගේ ජීවිතය පිළිබඳ ඇත්ත නැත්ත හරි විදිහට තෝරගන්ට බැරි, ලෝකයේ සියලු දෙනාට ම මේ වැරැද්ද වෙනවා. දැන් ඔන්න බුදුරජාණන් වහන්සේ හරි ලස්සනට මේක විග්‍රහ කරනවා. "ආනන්දය, යම් ශ්‍රමණයෙක් හරි බ්‍රාහ්මණයෙක් හරි මෙහෙම කියනවා නම්, 'පින්වත්නි, පාප කර්මයන් තියෙනවා ම යි. දුෂ්චරිතයේ විපාක තියෙනවා ම යි' කියලා **(ඉදමස්ස අනුජානාමි)** ඔහුගේ ඒ ප්‍රකාශය මං අනුමත කරනවා. 'මං එක පුද්ගලයෙක්ව දැක්කා. ඒකා මේ මනුස්ස ලෝකෙ ඉන්දෙද්දි දස අකුසලයෙන් යුක්තව හිටියා. දැන් ඒකා මැරුණට පස්සේ නිරයේ ඉපදිලා ඉන්නවා' කියලා කියන ඔහුගේ ඒ ප්‍රකාශයත් මං අනුමත කරනවා.

හැබැයි එයා මේ විදිහටත් කිව්වා. 'යම් කෙනෙක් දස අකුසල් කරනවා නම් ඒ සියලු දෙනා නිරයේ යනවා' කියලා. **(ඉදම්පිස්ස නානුජානාමි)** ඒක ප්‍රකාශය නම් මම අනුමත කරන්නේ නෑ. (ඇයි හේතුව, බුදු ඇසින් දැක්කා දස අකුසල් කරපු අය සුගතියෙත් ඉපදිලා ඉන්නවා) 'කවුරුහරි මේ විදිහට නම් දන්නේ එයාගේ දැනීම හරි. දස අකුසල් කරපු අයට මෙයට වෙනස් විපාකයක් තියෙනවා

කියලා නම් දන්නේ ඒක වැරදියි' කියලා ඔහු කරන ප්‍රකාශයත් මම අනුමත කරන්නේ නෑ. (ඇයි හේතුව, මීට වෙනස් විපාකත් තියෙන බව උන්වහන්සේගේ දිව්‍ය නේත්‍රයෙන් දැක්කා)

පෙරත් දැනුත් පසුත් කරපු ඔක්කොම පව්....

ඒ වගේම ඒ ශ්‍රමණයා හෝ බ්‍රාහ්මණයා තමන් දැනගත්තු දේ, තමා දැකපු දේ, තමා ප්‍රත්‍යක්ෂ කරපු විතරක් හරියි කියලා අරගෙන, ඒකට ම බැඳිලා, මෙහෙම කියනවා නම්, 'මේක ම යි සත්‍යය, අනිත් ඒවා බොරු' කියලා ඒ ප්‍රකාශයත් මං අනුමත කරන්නේ නෑ. (**තං කිස්ස හේතු**) මොකක්ද ඒකට හේතුව? ආනන්දය, මුන්දැලාගේ අවබෝධය වෙනින් එකක්. (**අඤ්ඤථා හි ආනන්ද තථාගතස්ස මහා කම්මවිභංගේ ඤාණං හෝති**) ආනන්දය, තථාගතයන් වහන්සේගේ කර්මය පිළිබඳ විග්‍රහයෙහි විස්තරාත්මක අවබෝධය ඔයිට වෙනස්."

බුදුරජාණන් වහන්සේ ඒ පළවෙනි පුද්ගලයා ගැන තවදුරටත් මෙහෙම වදාළා. "ආනන්දය, අර දස අකුසල් කරපු එක්කෙනා (**පුබ්බේ වාස්ස තං කතං හෝති පාපකම්මං දුක්ඛවේදනියං**) එයා කලිනුත් කරලා තියෙන්නේ දුක් වේදනා උපදවන පව්. (**පච්ඡා වාස්ස තං කතං හෝති පාපකම්මං දුක්ඛවේදනියං**) පස්සෙත් කරලා තියෙන්නේ දුක් වේදනා උපදවන පව්. (**මරණ කාලේ වාස්ස හෝති මිච්ඡාදිට්ඨි සමත්තා සමාදින්නා**) එයා අවසාන කාලේ හිටියෙත් මිසදිටුවේ ම යි. ඒ නිසයි නිරයේ උපන්නේ." එතකොට බලන්න අවසාන කාලය කියන එක ජීවිතයට බලපානවා. වර්තමානයේ ගොඩාක් අයගේ අවසාන කාලය නම් අන්තිම බාලයි. අවසාන කාලේ අවුල් ගොඩක්.

කර්මය විපාක දෙන ආකාර තුන....

ඊට පස්සේ බුදුරජාණන් වහන්සේ වදාළා "ආනන්දය, මේ දස අකුසල් කරපු පුද්ගලයාට ඒවායේ විපාක **(තස්ස දිට්ඨේව ධම්මේ විපාකං පටිසංවේදේති)** එයාට මෙලොවදී ම එලදෙනවා. **(උපපජ්ජේ වා)** එහෙම නැත්නම් ඊළඟ ආත්මේ එලදෙනවා. **(අපරේ වා පරියායේ)** එහෙම නැත්නම් නිවන් දකිනාතුරු කොයියම් ම හෝ ආත්මභාවයක දී එලදෙනවා" කිව්වා. දැන් බලන්න හිතලා සමහර අය ඉන්නවා දස අකුසල් රැස් කරගන්නවා. ඒ අකුසලය නිසා දිට්ඨධම්මවේදනීය වශයෙන් ම එක්කෝ වෙඩි කනවා. එක්කෝ රාජ දණ්ඩනයට ලක් වෙනවා. එක්කෝ එයාගේ මංකොල්ලයකට අහුවෙච්ච කෙනෙක් මෙයාගෙන් පළිගන්නවා. එතකොට ඒක දිට්ඨධම්මවේදනීය වශයෙන් විපාක දීමක්.

එහෙම නැත්නම් මෙයා හැංගි හැංගි ඉන්නවා. මේ ජීවිතයේදී මොකුත් කරදරයකට පත්වෙන්නෙ නෑ. මඟඇර මඟඇර ඉඳලා ඔන්න මැරෙනවා. මැරිච්ච ගමන් නිරයේ යනවා. එහේ විපාක දෙනවා. නිරයේ ගියා කියලා ඒක එතනින් නවතින්නේ නෑ. ඒ එක කොටහයි. ඊට පස්සේ නිවන් දකිනකම් ම පස්සෙන් එනවා. අපේ මහා බලසම්පන්න, මහා ඉර්ධිමත් මහාමොග්ගල්ලාන මහරහතන් වහන්සේට එහෙම වුණානේ.

දෙවෙනි පුද්ගලයා පිළිබඳ විග්‍රහය....

ඊළඟට බුදුරජාණන් වහන්සේ දෙවෙනි පුද්ගලයා ගැන විස්තර කරනවා. කවුද දෙවෙනි පුද්ගලයා? මේ ලෝකයේ දී දස අකුසල් කරකර ඉඳලා මැරිලා ගිහිල්ලා දෙවියන් අතරේ ඉපදිච්ච කෙනා. ඒ පුද්ගලයාව

සමාධිමත් සිතින් දිවැසින් දැකපු තාපසින්නාන්සේ කියන්ට ගත්තා 'පින්වතුනේ, දුෂ්චරිතයේ විපාක නෑ. දස අකුසල් කරකර හිටිය එක්කෙනෙක් හිටියා. එයා මළා. ආං දැන් දෙවියන් අතරේ ඉන්නවා' කියලා. ඉතින් බුදුරජාණන් වහන්සේ වදාළා 'පව් කියලා දෙයක් නෑ. දුෂ්චරිතයේ විපාක නෑ' කියලා ඒ තාපසයා කරන ප්‍රකාශය මං අනුමත කරන්නේ නෑ කිව්වා. හැබැයි 'දස අකුසල් කරපු එක්කෙනෙක් මැරිලා ගිහිල්ලා දෙවියන් අතරේ ඉපදිලා ඉන්නවා' කියන එක මං අනුමත කරනවා කිව්වා.

ඊළඟට එයා කියනවා 'දස අකුසල් කරන සියල්ලෝ ම දෙවියන් අතරේ යන්නාහුය' කියලා. බුදුරජාණන් වහන්සේ වදාළා මං ඒකත් අනුමත කරන්නේ නෑ කිව්වා. 'කවුරුහරි කෙනෙක් මේ විදිහට දන්නවා නම් ඒ කෙනා හරි විදිහට දන්නවා. මීට වඩා වෙනස් විදිහකට නම් දන්නේ ඒක මිථ්‍යාවක්' කියලා කියන ප්‍රකාශයත් මං අනුමත කරන්නේ නෑ කිව්වා. 'මං මේක දැකලා ම යි කියන්නේ. මේ විදිහට ම යි වෙන්නේ. මේක ම යි ඇත්ත. අනිත් ඒවා බොරු' කියන ප්‍රකාශයත් අනුමත කරන්නේ නෑ කිව්වා. බුදුරජාණන් වහන්සේ වදාළා මොකක්ද ඒකට හේතුව? "ආනන්දය, තථාගතයන්ගේ මහා කර්ම විභාගය පිළිබඳ ඤාණය ඔයිට වෙනස්" කිව්වා.

කොහොමද ඔහු දෙවියන් අතරට ගියේ....?

ඊට පස්සේ බුදුරජාණන් වහන්සේ විස්තර කරනවා ඒ දස අකුසල් කරපු පුද්ගලයා සුගතියට ගියේ කොහොමද කියලා. "ඒ පුද්ගලයා දසඅකුසල් කරකර හිටියා තමයි. නමුත් එයාට තිබුණා කලින් කරපු යහපත් දේවල්. එයාට තිබුණා පස්සේ කළ යහපත් දේවලුත්. ඒ වගේම එයාගේ

අවසාන කාලේ (**සම්මාදිට්ඨී සමත්තා සමාදින්නා**) සම්මාදිට්ඨියෙන් යුක්ත වෙලා හිටියා. ඒකයි එයා මරණින් මත්තේ දෙවියන් අතරේ ගිහින් තියෙන්නේ. හැබැයි එයා දෙවියන් අතරේ ගියාට අර කරපු අකුසල කර්ම විපාක දෙනවා දිට්ඨධම්මවේදනීය වශයෙන්. එහෙම නැත්නම් උපපජ්ජවේදනීය වශයෙන්. එක්කෝ අපරාපරිය වශයෙන් එයාට ඒ අකුසල් විපාක දෙනවා" කිව්වා.

අසිරිමත් සම්බුදු නුවණ....

ඊළඟට බුදුරජාණන් වහන්සේ විස්තර කරනවා අර තුන්වෙනි පුද්ගලයාගේ පරලොව ජීවිතය සම්බන්ධයෙන් විග්‍රහ කරපු තාපසයාගේ කතාව ගැන. කවුද තුන්වෙනි පුද්ගලයා? මෙලොව ජීවිතයේ දී දස කුසල් කර කර ඉඳලා මරණින් මත්තේ සුගතියේ ඉපදුන කෙනා. ඒ කෙනා ගැන දිවැසින් දැකපු තාපසින්නාන්සේ මොකද කිව්වේ? 'පින්වත්නි, පින් කියලා දෙයක් තියෙනවා. සුචරිතයේ විපාක තියෙනවා' කිව්වා. ආනන්දය, ඒ ප්‍රකාශය මං අනුමත කරනවා කිව්වා. 'මං දැක්කා දස කුසල් කරපු කෙනෙක් දෙවියන් අතරේ ඉපදිලා ඉන්නවා' කියන ප්‍රකාශයත් මං අනුමත කරනවා කිව්වා. හැබැයි 'යම් කෙනෙක් දස කුසල් කරනවා නම් ඒ සියලු දෙනා දෙවියන් අතරේ යනවා' කියන ප්‍රකාශය මං අනුමත කරන්නේ නෑ කිව්වා. මොකද හේතුව, උන්වහන්සේ දිවැසින් දැක්කා දස කුසල් කරපු ඇතැම් අය මැරිලා නිරයේ ගිහින් ඉන්නවා. ඒ නිසා ඒක අනුමත කරන්නේ කිව්වා.

කර්ම-කර්මඵල පිළිබඳ පරිපූර්ණ අවබෝධයක්....

'යමෙක් මෙසේ දනියි නම් ඔහු මැනැවින් දනී.

යමෙක් මීට වෙනස් අයුරකින් දනී නම්, ඔහුගේ ඥාණය මිථ්‍යාවකි' කියන ප්‍රකාශයත් මං අනුමත කරන්නේ නෑ කිව්වා. 'මං මේක දකලා ම යි කියන්නේ. මේ විදිහට ම යි වෙන්නේ. මේක ම යි ඇත්ත. අනිත් ඒවා බොරු' කියන ප්‍රකාශයත් මං අනුමත කරන්නේ නෑ කිව්වා. බුදුරජාණන් වහන්සේ දේශනා කරනවා එයා මුල් කාලෙත් හොඳ ම යි කළේ. පස්සේ කාලෙත් හොඳ ම යි කළේ. මරණාසන්න කාලෙත් සම්මාදිට්ඨියෙන් යුක්තවයි වාසය කළේ. ඒ නිසා මරණින් මත්තේ දෙවියන් අතරේ උපන්නා. ඒ වගේ ම එයාට ඒ දස කුසල්වල විපාක දිට්ඨධම්මවේදනීය වශයෙන් ම ලැබෙනවා. එක්කෝ උපපජ්ජවේදනීය වශයෙන් විපාක දෙනවා. එක්කෝ අපරාපරියවේදනීය වශයෙන් විපාක දෙනවා.

දැන් ඔය කියාපු දිට්ඨධම්මවේදනීය, උපපජ්ජවේදනීය, අපරාපරියවේදනීය කියන කර්ම විපාක දෙන ආකාර තුන ලෝකේ වෙන කිසිම කෙනෙකුට විෂය වුණේ නෑ. බුදුරජාණන් වහන්සේට පමණයි. අපි හොඳට දන්නවා සමහර අය කියනවා 'අනේ ස්වාමීනි, මං කිසි වරදක් කරන්නේ නැතුව, බුදුන් වැඳගෙන, පින්දහම් කරගෙන ඉන්නේ. ඇයි මට ම මෙහෙම කරදර' කියලා. ඒ වක්‍රව කියන්නේ මොකක්ද? මං මේ කරන හොඳ දේවල්වල විපාක නැවත්ද කියලයි ඒ අහන්නේ. අන්තිමට මොකද වෙන්නේ? මේ කෙරෙහි විශ්වාසය නැතිව ගියොත් එයා සමාදන් වෙන්නෙ මිසදිටුව. එහෙම මිසදිටුව සමාදන් වෙන අය ඉන්නවා.

යාඥා කරලා බලන්න....

දැන් අපි කියමු ළමයෙක් අසනීපෙන් ඉන්නවා. එයාට කර්ම විපාකයක් තියෙනවා කියමු අවුරුදු තුනක.

තුන් අවුරුද්දක් ගෙවුනාම කර්ම විපාකය ඉවර වෙනවා. සාමාන්‍ය මනුස්සයාට කර්ම විපාක පිළිබඳ ඤාණයක් නෑනේ. ඉතින් ඒ ළමයගෙ දෙමව්පියෝ බෝධි පූජා තියනවා අවුරුදු දෙකක්. සනීප වෙන්නේ නෑ. ඊට පස්සේ තව මාස හයක් බෝධිපූජා තියනවා. ඒ සනීප වෙන්නෙත් නෑ. ඔන්න අවුරුදු දෙකයි මාස දහයක් ම බෝධිපූජා තිබ්බා. සනීප වුණේ නෑ.

එතකොට තව කෙනෙක් ඇවිල්ලා කියනවා 'උඹැහෙ ඕක ම කරකර ඉන්ට එපා. වරෙන් ඇවිත් යාඥා කොරාපං.... අවුරුදු දෙකයි මාස දහයක් දූන් බෝධිපූජා තිය තියා හිටියා. කෝ ඉතින් සුවයක් නෑනේ. මේකවත් කොරලා බලාපං...' කියලා කියනවා. දූන් කර්ම විපාකය ගෙවෙන්ට ළඟයි. ඔන්න යාඥා පොළට යනවා. ගිහිල්ලා යාඥා කොරලා එනවා. කොල්ලා සනීප වෙනවා කියනවා මාස දෙකෙන්. කිව්වා වගේ ම මාස දෙකෙන් සනීප වෙනවා. මොකක්ද ඒ වුනේ? කර්ම විපාකය ඉවර වුණා. අර උන්දෑ කර්ම විපාක පිළිගැනීම අතඇරියා. අතඇරලා 'මං යාඥා කොළා. යාඥාව හරි ගියා' කියලා මිථ්‍යාදෘෂ්ටියට යනවා. මිථ්‍යා දෘෂ්ටියට ගියාට පස්සේ... බුදුරජාණන් වහන්සේගේ බුද්ධ වචන තියෙනවා නිශ්චිත වශයෙන් කියපුවා. එයින් එකක් තමයි උන්වහන්සේ දේශනා කරනවා මිසදිටුවාට මරණින් මත්තේ යන්න තැන් දෙකයි කියනවා තියෙන්නේ. එක්කෝ නිරයේ. එහෙම නැත්නම් තිරිසන් අපායේ.

මහ ලොකුවට පින් කරගෙන ගියා....

ඊළඟට දැන් විස්තර කරන්නේ හතරවෙනි කෙනා ගැන. හතරවෙනි කෙනා කව්ද? දසකුසල් කරකර

අපූරුවට හිටපු කෙනා. බොහෝම හැඩට සුදු ඇඳගෙන, මල් නෙළාන, දන්පැන් පිසගෙන හොඳට හිටපු කෙනා මළා. හැමෝම කියන්ට ගත්තා දැන් ඉතින් දිව්‍ය රැජිනක් වෙලා ඇති කියලා. ඊට පස්සේ මැරිලා පලච්ච තැන් කියන කෙනෙක් ගාවට ගියා. ගිහින් කිව්වා අපේ අසවල් කෙනා දසකුසල් ම කරකර හිටියා. අනේ බලාපං දැන් කොහේද ඉන්නේ කියලා. බැලුවා. බලලා කියනවා 'උඹලාට මේක කියන්ටත් මොකදෝ වගේ. ඕක අතඇරපං. ඒ ගැන හොයන්ට එපා' කියනවා. එතකොට අරයා තව ඇවිස්සෙනවා. ඇවිස්සිලා මොකක්ද කියන්නේ? 'නෑ නෑ... විස්තරේ කියාපං භය නැතිව. හොඳ තැනක නොවැ.' 'මොන හොඳක් ද? ආන් නිරයේ' කියනවා. ඊට පස්සේ ඒ අය පිනට ගරහන්න පටන් ගන්නවා. 'ආන් මහා ලොකුවට පින් කරකර ගියා. ඕන් ගියපු තැන. දැන් නිරයේ' කියනවා. අදටත් ඔය වගේ කතන්දර වෙනවා මිනිස්සු අතරේ. බුදුරජාණන් වහන්සේගේ මහාකම්ම විභංග ඤාණය ගැන දන්නැතිකම නිසයි එහෙම වෙන්නේ.

අනාවරණ ප්‍රඥා ඇති අප මුනිඳාණෝ....

බුදුරජාණන් වහන්සේ වදාළා ඒ හතරවෙනි පුද්ගලයා ගැන දිවැසින් දකින තාපසයා කියනවනෙ 'පින්වත්නි, පින් කියලා දෙයක් නෑ. සුචරිතයේ විපාක නෑ' කියලා. ඒ ප්‍රකාශය මං අනුමත කරන්නේ නෑ කියනවා. 'මං දැක්කා දස කුසල් කරකර හිටපු කෙනෙක් මැරිලා ගිහින් අපායේ ඉපදිලා ඉන්නවා' කියන ප්‍රකාශය මං අනුමත කරනවා කිව්වා. ඇයි හේතුව, ඒක සිද්ධ වෙන්න පුළුවන් දෙයක්. ඒ වගේම එයා කියනවා 'දස කුසල් කරන සියල්ලෝ ම නිරයේ උපදින්නෝය' කියලා.

මං ඒක අනුමත කරන්නෙත් නෑ කිව්වා. 'යමෙක් මෙසේ දනියි නම් ඔහු මැනැවින් දනී. යමෙක් මීට වෙනස් අයුරකින් දනී නම්, ඔහුගේ ඤාණය මිථ්‍යාවකි' කියන ප්‍රකාශයත් මං අනුමත කරන්නේ නෑ කිව්වා.

'මං මේක දැකලා ම යි කියන්නේ. මේ විදිහට ම යි වෙන්නේ. මේක ම යි ඇත්ත. අනිත් ඒවා බොරු' කියන ප්‍රකාශයත් මං අනුමත කරන්නේ නෑ කිව්වා. "ආනන්දය, ඒක මෙහෙමයි වෙන්නේ. එයා මේ ජීවිතයේ දී දසකුසල් කරකර හිටියා තමයි. නමුත් එක්කෝ එයාට කලින් කරපු පව් තිබුණා. එහෙම නැත්නම් පස්සේ කාලෙක කරපු පව් තිබුණා. එක්කෝ එයා අවසන් කාලේ මිසදිටු වෙලා තියෙනවා. ඒ නිසයි මැරිලා ගිහින් නිරයේ උපන්නේ. හැබැයි ආනන්ද, එයා කරපු ඒ දස කුසල්වල විපාක එයාට මේ ජීවිතයේ දී ම ලැබෙනවා. එහෙම නැත්නම් ඊළඟ ජීවිතයේ දී හෝ ලැබෙනවා. නැත්නම් සසරේ කොයියම් ම හෝ ආත්මභාවයක විපාක ලබනවා."

දෘෂ්ටිය තියෙන්නේ හිතේ....

අදත් ඕක වෙන්ට පුළුවන් කෙනෙකුට. අපි කියමු එක අම්මා කෙනෙක් තරුණ කාලේ ඉඳලා හොඳට පින් දහම් කරගෙන, මල් පහන් පූජා කරගෙන, දානමාන දීගෙන වාසය කරනවා. කලක් යනකොට උන්දැගේ ළමයි නරක් වෙනවා. ළමයි සලකන්නේ නෑ. උන්දැට වෙලාවට කන්ට බොන්ට දෙන්නෙ නෑ. ගමනක් බිමනක් යන්ට දෙන්නෙත් නෑ. කලක් යනකොට උන්දැට මහා සැකයක් ඇතිවෙනවා 'අනේ මං මේ කරාපු පින්වල කෝ මොකවත් නෑ නොවැ...' කියලා. එතකොට වැටෙන්නේ සම්මාදිට්ඨියට ද මිසදිටුවට ද? මිසදිටුව වැළඳගන්නවා.

ඒ කෙනා මේක හිතේ තියන් ඉන්නවා කියන්නේ නැතුව. දෘෂ්ඨිය කියන එක තියෙන්නේ කොහේද? සිතේ. ඊට පස්සේ මොකද වෙන්නේ, මරණින් මත්තේ දුගතියේ යනවා. මේ දේශනාවේ අන්තිමට බුදුරජාණන් වහන්සේ බොහෝම ලස්සනට මේ කියාපු සියලු කාරණා කැටි කරලා, හකුළුවලා කරුණු හතරකින් මේ විදිහට වදාරනවා.

අකුසල් මැඬලන අකුසල් තියෙනවා....

(ඉති ඛෝ ආනන්ද, අත්ථි කම්මං අභබ්බං අභබ්බාභාසං) "ආනන්දය, මේ විදිහට අකුසලයෙන් ම මැඬලන අකුසල් තියෙනවා." ඒකේ තේරුම තමයි අකුසල් කරකර ඉන්න කෙනෙකුට බලවත් ම අකුසලයක් ඇවිල්ලා අර අනිත් පොඩි පොඩි අකුසල් ඔක්කෝම යටපත් කරලා ඒ බලවත් අකුසලයෙන් ඇදගෙන යනවා. එක රජ කෙනෙක් ඇතා පිටේ යද්දී පසේබුදුරජාණන් වහන්සේ නමක්ව දැක්කා. දැකලා 'ආ... කව්ද අර කුෂ්ඨයා...' කියලා කියාගෙන ගියා. ඔන්න එයාට බලවත් අකුසලක් රැස්වුණා. රජ කෙනෙක් වුණාම තව කොච්චර නම් දේවල් කරනවාද. ඇළවේලි හදනවා. පාරවල් හදනවා. ඔය අතරේ මිනිස්සුන්ට දඬුවම් දෙනවා. මේවත් කරනවා. නමුත් ඒ ඔක්කෝම දේවල් මැද්දෙන් අරක වෙනම හිටිනවා. මරණාසන්න වෙනකොට අර අකුසලයෙන් අනිත් අකුසල් ඔක්කොම යටපත් කරගෙන මෙයාව නිරයට ඇදගෙන ගියා. මේක හරී ලස්සනයි. බුදුරජාණන් වහන්සේගේ මේ විග්‍රහය මේ ලෝකේ වෙන කෙනෙකුට හොයන්න බෑ.

කුසල් මැඬලන අකුසල කර්ම තියෙනවා....

(අත්ථි කම්මං අභබ්බං භබ්බාභාසං) ඊළඟට කුසල්

මැඩලන අකුසල කර්ම තියෙනවා. ඒ අකුසල කර්මයෙන් අර සියලු කුසල් යටපත් කරලා එයාව සතර අපායට අරන් යනවා. ඔන්න බලන්න අනතුර. මරණාසන්න වෙලාවට පින මැඩගෙන අකුසලය ආවොත් කව්දැ ඉන්නේ තමන්ව බේරන්ට? කාත් කව්රුත් නෑ. එහෙනම් බලන්ට මේ සංසාර චාරිකාව විශ්වාස කරන්ට පුළුවන් එකක් ද? විශ්වාස කරන්ට බැරි රටාවක් මේකේ තියෙන්නේ. **(අත්ථි කම්මං හබ්බඤ්චේව හබ්බාභාසඤ්ච)** ඒ වගේම කුසල් මැඩලන කුසල කර්ම තියෙනවා. කෙනෙක් පින් දහම් කරගෙන වාසය කරද්දී බලවත් ම පින එනවා පුංචි පුංචි පින් මැඩගෙන. ඇවිල්ලා මේ කෙනාව උඩට අරන් යනවා.

අකුසල් මැඩලන කුසල කර්ම....

(අත්ථි කම්මං හබ්බං අහබ්බාභාසං) ඒ වගේම අකුසල් මැඩලන කුසල කර්මත් තියෙනවා. සාරිපුත්ත මහරහතන් වහන්සේගේ ගිහි කාලේ යාළුවෙක් හිටියනෙ ධනඤ්ජානි කියලා. එයා පින් දහම් කරපු, ධර්මයේ හැසිරුණු එක්කෙනෙක් නෙවෙයි. එයා මරණාසන්න මොහොතේ නිරයේ ගිනිදැල් පේන්න ගත්තනෙ. අවසාන මොහොතේ සාරිපුත්ත මහරහතන් වහන්සේ වැඩලා කරුණු කියද්දී මෙයාගේ අකුසල් මැඩගෙන පින ආවා ඉස්සරහට. මරණින් මත්තේ බඹලොව ගියා.

ඒ වගේ තමන් රැස්කරපු පිනෙන් අකුසල් මැඩලපු මහා නරපතියෙක් හිටියා අපේ මේ රටෙත්. කවුද ඒ? දුටුගැමුණු මහරජ්ජුරුවෝ. එතුමා ආක්‍රමණිකයොත් එක්ක යුද්දෙට ගියානෙ. යුද්දෙට ගියේ දන් බෙදන්ටද? නෑ. යුද්ධය ඉවර වුණා. ඊට පස්සේ ඒවා මතක් වෙන්න ගත්තා. එතකොට රහතන් වහන්සේලා මොකක්ද කිව්වේ? ආ...

එකහමාරයි මැරුණේ කිව්වා. තිසරණ පන්සිල් සමාදන් වෙච්ච එක්කෙනෙකුයි, තිසරණය විතරක් සමාදන් වෙච්ච එක්කෙනෙකුයි විතරයි කිව්වා. (සේසා පසුසමා) අනිත් එවුන් සත්තු වගේ කිව්වා. එහෙම කියාපු ගමන් අකුසලය යට ගියා. යට ගියපු ගමන් කුසල් මතුවුණා. කුසල් නැත්නම් එහෙම යට යන්නේ නෑ. රැස් කරපු පින් මතුවෙවී ආවා.

සංසයාට නොදී කිසිවක් කාලා නෑ....

ඊට පස්සේ පින් පොත කියවන එක්කෙනාට 'කියාපංකෝ එහෙනම් මං කොරාපු පිං ටික...' කිව්වා. ඔන්න දැන් රජ්ජුරුවෝ කරාපු මහා පින්කම් ටික ඔක්කොම කියාගෙන කියාගෙන යනවා. ඒත් ඒ ඔක්කෝටම වඩා රජ්ජුරුවන්ට එකම එක පිනක් හිතේ මහා සතුටක් උපදවමින් සිහි වෙවී ආවා. රජ්ජුරුවන්ට මතක් වෙනවා සද්ධාතිස්ස කුමාරයත් එක්ක පළවෙනි පාර යුද්ධ කරලා පැරදිලා, වෙළඹගේ පිටේ නැගලා ඇමතියාත් එක්ක පලා ගියානේ. හොඳටම බඩගින්නේ ගිහිල්ලා ඇමතියාට කිව්වා 'හරී බඩගිනියි බොලව්... කන්ට මොකවත් නැද්ද?' කියලා ඇහුවා. ඉතින් කිව්වා 'දේවයන් වහන්ස, මං අඩුක්කුවක හංගාගෙන ආවා' කිව්වා. 'එහෙනම් ගනින්...' කිව්වා. රත්තරන් භාජනය ඇරලා ගත්තා කිරිබතක්. එහෙනම් ඕක හතරට බෙදාපං කිව්වා.

දැන් එතන ඉන්නේ තුන්දෙනයි. රජ්ජුරුවෝ ඉන්නවා. ඇමතියා ඉන්නවා. වෙළඹ ඉන්නවා. රජ්ජුරුවෝ කිව්වා 'මං මෙතෙක් කල් එක බත් වේලක් අනුභව කරලා නෑ මාගේ කුලදේවතාවුන්ට නොදී. කාලසෝෂා කොරපං' කිව්වා. අපි නම් කොතරම් අනුභව කරනවාද...! බලන්න...

මේ රජෙක්. එතකොට ඇමතියා හිස් ආකාසෙට කතා කොරලා කිව්වා 'දානයක් තියෙනවා. තෙර නමක් වඩින්ට' කියලා. මේක ඇහුනා පුවඟු දිවයිනේ වැඩහිටිය රහතන් වහන්සේ නමකට. පුවඟු දිවයින කොහෙද තියෙන්නේ? යාපනයේ. දැන් ඒකේ නම පුංකුඩුතිව්. දැන් කව්රුත් නෑ. තිසරණ හුළඟක්වත් නෑ. ඉතින් මේ රහතන් වහන්සේ වැඩියා ආකහෙන්. වැඩියට පස්සේ දැන් හරි සතුටුයි රජ්ජුරුවන්ට. මහාවනාන්තරේ මැද්දේ, යුද්දෙකින් පැරදිලා පලා යන අතරේ, කාත් කව්රුත් නැති තනිපංගලමේ, හොඳටම බඩගින්නේ ඉන්දෙද්දී මේ දානෙ දෙන්නේ.

ඔක්කොම ගන්ට එපා. මටත් ඉතුරු කොරන්ට....

මට ඒත් එක්කම මතක් වුනා තවත් කතාවක්. මට ලැබුණු අත්දැකීමක්. මම භාවනා ඉගෙන ගන්න එක තැනකට ගිහිල්ලා ඉන්දෙද්දි දවසක් එහේ ලේකම් මහත්තයා දානයක් ගෙනාවා. උන්දෑ කිරි හට්ටියකුත් ගෙනල්ලා. දැන් නායක හාමුදුරුවොයි මමයි තව දෙනමකුයි හිටියා. අපි කිරි බෙදාගද්දි ලේකම් මහත්තයා කියනවා 'ඔක්කොම බෙදාගන්ට එපා.... මටත් ඉතුරු කොරන්ට...' කිව්වා. නායක හාමුදුරුවෝ වැළඳුවේ නෑ, අත වැහුවා. ඔන්න බලන්න හැටි. අතනදී දුටුගැමුණු රජ්ජුරුවෝ හොඳට ම බඩගින්නේ ඉන්දෙද්දී සංඝයාට වෙන් කරපු කොටහත් පූජාකොරලා තමන්ගේ කොටහත් අතට අරගෙන කිව්වා 'අනේ ස්වාමීනි, මට අනුකම්පා කරලා මේ දානෙ කොටහත් පිළිගන්නා සේක්වා!' කිව්වා. බලන්න මේ රට රකින රජා රට ගැන හිතුවෙත් නෑ. තමන්ගේ ජීවිතය ගැන හිතුවෙත් නෑ. අන්න රජවරු.

ඒ රහතුන්ගේ යුගය දැන් ඉවරයි....

රහතන් වහන්සේ ඒ කොටහත් පිළිගත්තා. එතකොට ඇමතියා කල්පනා කළා 'රජ්ජුරුවොත් තමන්ගේ ආහාර කොටහ පූජා කොළා. ඒ නිසා මමත් මගේ කොටහ පූජා කොරනවා' කියලා. වෙන ඇමතියෙක් නම් හිතන්නෙ 'එහෙනම් මගේ කොටහ මං රජ්ජුරුවන්ට දෙනවා' කියලනෙ. එහෙම හිතුවේ නෑ. බලන්ට ඒ කාලේ ඇමතියා. ඊට පස්සේ 'වෙළඹගේ කොටහ ඒකිට දෙමු' කිව්වා. එතකොට වෙළඹත් ඔළුව හරව හරවා නටන්ට ගත්තා. මටත් බෑ කිව්වා. එතකොට 'මේකිත් කැමති නෑ වගේ. මේකිගේ කොටහත් පූජා කොරපං' කිව්වා. ඒකත් පූජා කළා. රහතන් වහන්සේ ඉර්ධියෙන් වැඩියා දානෙත් අරගෙන. ඒ ලෝකය දැන් තියෙනවාද? හිතාගන්ට බෑ.

ඉතින් රජ්ජුරුවන්ට මේක ම මතක් වෙන්ට ගත්තා. මතක් වෙන්ට අරන් සෙනෙවියන්ට කියනවා 'බොලේ... මං කරාපු හැම පිංකමකට වඩා හරී ලස්සනට දිලිහී දිලිහී මට මේක ම පේනවා' කිව්වා. බලන්ට අර සියලු අකුසල් මැඩගෙන පින බලවත් වෙවී ආපු ලස්සන. ඒ වෙලාවේ දෙවිවරු දිව්‍ය කරත්ත ඇන්න පෝළිමේ ආවා. භික්ෂූන් වහන්සේලා ඇවිදින් ධර්මය සජ්ඣායනා කරන්ට පටන් ගත්තා. ඒ කාලේ ඉතින් පොත් නැනෙ. කටපාඩමින් නේ ධර්මය දරාගෙන හිටියේ. ධර්මයයි සංඝයායි ඒ කාලේ වෙන් වෙලා නෑ. දැන් පොත වෙනම සංඝයා වෙනම නේ. ඒ කාලේ එහෙම නෑ. ධර්මයයි සංඝයයි එකට. සංඝයා වැඩියා කියන්නේ ධර්මයත් වැඩියා. ඉතින් සංඝයා ධර්මය සජ්ඣායනා කරද්දී ඇහෙනවා දුටුගැමුණු රජ්ජුරුවෝ තවත් කාත් එක්කද කතා කරනවා.

අපේ රටේ රජවරුන්ගේ ඉතිහාසය....

භික්ෂූන් වහන්සේලා හිතුවා 'අපේ මහරජතුමා තෝන්තු වෙලා වත්ද... එතුමා සෑහෙන පුරස්නෙක හිටියා නොවැ' කියලා. එතකොට රජ්ජුරුවෝ කියනවා 'නෑ නෑ ස්වාමීනී... මං තෝන්තු වෙලා නෑ. මේ දෙවිවරු දිව්‍ය රථ අරගෙන ඇවිල්ලා මට කතා කරනවා. මං ඒ දෙවිවරුන්ට කිව්වා 'ටිකක් හිටින්ට. මං මේ බණ අහනවා' කියලා. ඊට පස්සේ ථේරපුත්තාභය රහතන් වහන්සේ කිව්වා 'මහරජ්ජුරුවනි, එහෙනම් අපි මේ මිනිස්සුන්ට පේන්ටත් එක්ක මේ මල්මාලා අහසට දාමු' කිව්වා. අහසට මල් මාලා වීසිකොළා. දැන් ආකහේ මල් මාලා එල්ලෙනවා. මිනිස්සු මේක දැකලා සාදු නාද දුන්නා 'අනේ අපේ රජ්ජුරුවන්ව එක්කන් යන්ට දිව්‍යරථ ඇවිල්ලා' කියලා. බලන්න ඒ යුගය. ඊට පස්සේ රජ්ජුරුවෝ මෙහේ හුස්ම ටික ගියා. දිව්‍ය රථයේ දිව්‍යරාජයෙක් වෙලා උපන්නා. හැමෝටම පේන්ට මහා සෑය පැදකුණු කරලා නොපෙනී ගියා. බලන්න මේ අපේ රටේ රජවරුන්ගේ ඉතිහාසය.

සෝවාන් වීමේ වටිනාකම....

ඔබට මතකද මං මේ දේශනාව පටන් ගනිද්දි ම බුදුරජාණන් වහන්සේගේ උපමාවක් කිව්වා. දවසට යකඩ උල් පාරවල් තුන්සීය ගානේ අවුරුදු සීයක් ඇනුම් කෑවාම සෝවාන් ඵලයට පත් වෙනවා කියලා කවුරුහරි කිව්වොත් කැමති වෙයන් කිව්වා. දැන් තේරුණාද ඒකේ අර්ථය. මං කිව්වනේ ඒකේ අර්ථය මේ දේශනාව ඉවර වෙනකොට තේරෙයි කියලා. ඒ නිසා අපට තියෙන්නේ මේ රටාව ගැන භය ගන්ට නෙමෙයි. සතුටු වෙන්ටයි. ඇයි මෙහෙම රටාවක් තියෙන බව අපිට දැනගන්ට ලැබුණා

නොවැ. බුදුරජාණන් වහන්සේ මෙහෙම දේශනා කළේ නැත්නම් අපි කොහොමද මේ වගේ දෙයක් වෙනවා කියලා දන්නේ?

මං දන්නවා සමහර අය ඉන්නවා ටික කාලයක් අපේ මේ දහම් වැඩසටහන්වලට ඇවිල්ලා බණ පොතක් කියවලා උජාරුවට උඩගු කතා කියනවා 'උඹලා දන්නවැයි මං යන තැන? මං උඩහා යන්නේ' කියනවා. පුළුවන්ද එහෙම උඩහ යන්ට? මේ දේශනාවල් දිහා බැලුවාම තේරෙනවා මේක බොහොම සීරුවෙන් අඩි තබ තබා යන්ට තියෙන ගමනක් බව. මේකේ එහෙම එකඑක්කෙනාට බැණ දොඩාගෙන 'උඹලා වගේ නෙමෙයි මං... අසවලා වගේ නෙමෙයි මං... අරුන්ට මොකවත් නෑ... මම එහෙමෙයි... මං බොහොම පින් කොරකොරා ඉන්න කෙනෙක්... මට මෙහෙම පුළුවන්... මට මෙහෙමත් පුළුවන්... මං සමාධියෙන් ඉන්නේ... මට මෙහෙම ඤාණය පහල වෙලා...' කියලා කියෝ කියෝ ඉඳලා දුගතියේ ගියොත් ඉවරයි නේද?

ප්‍රධාන ම බාධකය උඩගුකම....

දැන් එහෙනම් කියන්න බලන්න අකුසල් මැඩගෙන කුසලය උඩට එන්ට නම් තිබියයුතු දේවල් මොනවාද, නැතිවිය යුතු දේවල් මොනවාද? ප්‍රධාන බාධකය තමයි උඩගුකම. උඩගුකමට අකුසල් මැඩලන්ට බෑ. උඩගුකමෙන් මැඩලන්නේ කුසල්. කුසලය යටපත් කරගෙන අකුසලය නම් ඉස්මතු වෙලා එයි. හැබැයි අකුසලය යට කරලා කුසලය උඩට ගන්ට උඩගුකමට බෑ. එහෙනම් මොකක්ද කරන්ට ඕන? නිහතමානී වෙන්ට ඕන. මාන්නය ළං කරගන්ට එපා. බුදුරජාණන් වහන්සේ

යමක් වදාළා නම් ඒ දේශනාව කෙරේ හිත පහදවා ගන්ට ඕන 'බුදුරජාණන් වහන්සේ වදාළ මේ රටාව මෙහෙම ම යි. මේක ඒකාන්ත සත්‍යයක් ම යි' කියලා. ඒක සැක කරන්ට එපා.

උඩගු වෙච්ච ගමන් තමන් ඒකට ලුණු ඇඹුල් දාගන්නවා. 'ඕක ඔහොම වෙන්ට පුළුවන්ද? ඕක මෙහෙම වෙන්ට බැරිද? අරහෙම වෙන්ට බැරිද?' කියලා තමන් හෙට්ටු වෙන්ට යන්නෙ කාගේ ඤාණයක් එක්කද? ශාස්තෘන් වහන්සේගේ ඤාණයත් එක්කයි. පුළුවන්ද කරන්ට? බෑ. මේ වේයෙකුට පුළුවන් ද හිමාල පර්වතය කන්ට? ඒ වගේ මේකෙදි තමන් දැනගන්ට ඕන තමුන්නේ තරම. ගොඩක් අයට තමුන්නේ තරම තේරෙන්නේ නෑ. තරමට වැඩියෙන් තටමන්ට යනවා. තරමට වැඩියෙන් තටමන්ට ගියාම වැඩේ සවුත්තු වෙනවා. තමන් විශාල අමාරුවක වැටෙනවා.

බලසම්පන්න කුසල් රැස්කළ යුතුයි....

තමන්ගේ තරම දැනගන්ට උදව් වෙන හොඳම දේශනාවක් මේක. මේ දේශනාවට අනුව මාර්ගඵලලාභී කෙනෙකුට භයක් නෑ. මගඵල නොලැබූ සියලු දෙනාට ම මේ අනතුර තියෙනවා. මේ අනතුරෙන් බේරෙන්ට නම් අප තුළ අකුසල් මැඬලන කුසල් උපදින්ට ඕනෑ. ඒකට උවමනා කරන දක්ෂකම තමන් ම යි ඇති කරගත යුත්තේ. මං කිව්වනේ මේ ජීවිත පැවැත්ම අනාත්ම දෙයක් කියලා. ඒ අනාත්ම දෙය තුළ අපට ගොඩක් උපකාරී වෙනවා බලසම්පන්න කුසල් රැස්කිරීම. ශාස්තෘන් වහන්සේ කෙරෙහි හිත පහදවා ගැනීම කියන්නේ මහා

බලසම්පන්න පිනක්. ඒක සුළුපටු එකක් නෙමෙයි.

දැන් බලන්ට හිතලා අර මට්ටකුණ්ඩලී කියන පොඩි දරුවා ගැන. ගේ පිළිකන්නේ ඔහේ අතඇරලා දාලා තිබුණේ. බොහෝම හිත් වේදනාවෙන් හිටිය වෙලාව. ඇයි තාත්තාගෙන් කිසිම උදව්වක් උපකාරයක් ලැබුණේ නෑ. අසරණ වෙලා, හිත දුකට පත්වෙලා තිබුණ වෙලාවේ කරුණාබර කෙනෙක්ව පෙනුනා. දයාවන්ත කෙනෙක්ව පෙනුනා. පෙනිච්ච ගමන් හිත පැහැදුනා. අර සියලු දුක් වේදනා පීඩා යට කරගෙන, හිතේ සෞම්‍ය සතුටුදායක ප්‍රසන්න ශ්‍රද්ධාවක් පහල වුනා. මැරුණට පස්සේ කොහෙද ගියේ? දෙවියන් අතර ගියේ. දැක්කද වෙනස.

පහදවා ගනු මැනව ඔය සිත....

බුදුරජාණන් වහන්සේ කෝකාලිකට කිව්වා 'කෝකාලික, සාරිපුත්ත මොග්ගල්ලානයන් ගැන සිත පහදගන්න...' කිව්වා. පහද ගත්තේ නෑ. 'මට බුදුරජාණන් වහන්සේ ගැන නම් පහදින්ට පුළුවනි. උන්දෑලා ගැන නම් බෑ' කිව්වා. ඔන්න බලන්න කරගත්තු වැඩේ. නිරයේ ගියා. එහෙම හිත පහදවගන්ට කිව්වේ මොකටද? ඒ හටගත්තු අකුසලේ මැඬලන කුසලය උපද්දවන්ටයි. උඩගුකම නිසා ඒක කරගන්ට බැරුව ගියා. මේවා මහා පුදුම සහගත, අති මනහර, සුමධුර දේශනා. මේ බුදුරජාණන් වහන්සේගේ මහා කම්ම විභංග ඤාණය.

පින්වත්නි, මේ විදිහට කර්මය පිළිබඳ ගැඹුරින් විග්‍රහ කරන්ට දෙවියන් බඹුන් මරුන් සහිත ශ්‍රමණබ්‍රාහ්මණයන් සහිත මේ ලෝකේ වෙන කාටවත් පුළුවන් වෙයිද? කිසීම කෙනෙකුට බෑ. ඇයි හේතුව, ඒක උන්දෑලාගේ විෂය නොවේ. මේක බුදුරජාණන් වහන්සේගේ විෂය.

මේක බුදුරජාණන් වහන්සේට ම ගෝචර වෙන එකක්. අන් අයට ගෝචර නොවන එකක්. අන් අයට හොයන්ට බෑ ඇයි එහෙම වුණේ කියලා. අනිත් අයට වරදිනවා. පින් දහම් කරපු එක්කෙනා නිරයේ ගිහිල්ලා ඉන්නවා දැක්කා. පැටලුනා. පව් කරපු එක්කෙනා දිව්‍ය රාජයෙක් වෙලා ඉන්නවා දැක්කා. පැටලුනා. ඒක එහෙම වුණේ කොහොමද කියලා කරුණු කාරණා තෝරාබේරා ගන්ට උන්දැලාට බෑ. දැක්කද වෙනස?

අසිරිමත් ය ඒ භාග්‍යවතාණෝ....

ඉතින් ඒ නිසා අපි සරණ ගිය බුදුරජාණන් වහන්සේ ගැන මොනතරම් පැති තියෙනවාද අපිට හිත පහදවා ගැනීමට. ඒ නිසා හිතන්ට 'අනේ අපේ ශාස්තෘන් වහන්සේගේ ඤාණය මොනතරම් ආශ්චර්යයි ද... මොනතරම් අද්භූතයි ද... මේ සත්වයාගේ සෑම පැත්තක් ම උන්වහන්සේට අනාවරණය වෙලා නොවැ. කිසිවක් වැසිලා නෑ නොවැ. ඒ බුදුරජාණන් වහන්සේගේ මහා ඤාණය මොනතරම් අසිරිමත්ද!' කියලා ඒ ගැන හිත පහදවාගන්න. ඒ පහන් සිතින් හිතන්ට 'අනේ මගේ මේ ශාස්තෘන් වහන්සේගේ සරණේ මට හැමදාම ඉන්ට ලැබේවා..! කියලා.

සාදු! සාදු!! සාදු!!!

මහාමේඝ ප්‍රකාශන

පූජ්‍ය කිරිබත්ගොඩ ඤාණානන්ද ස්වාමීන් වහන්සේ විසින් රචිත
සියලුම සදහම් ග්‍රන්ථ සහ ධර්ම දේශනා ලබාගැනීමට

ත්‍රිපිටක සදහම් පොත් මැදුර

අංක 70/A/7/OB, YMBA ගොඩනැගිල්ල, බොරැල්ල, කොළඹ 08
දුර : 077 47 47 161 / 011 425 59 87
ඊ-මේල් : thripitAkasadahambooks@gmail.com

www.ingramcontent.com/pod-product-compliance
Lightning Source LLC
Chambersburg PA
CBHW070551030426
42337CB00016B/2440